特别会说话的人都这样说话 2 高手篇

MOEKO ONO

[日] 大野萌子 著　滕小涵 译

文汇出版社

图书在版编目（CIP）数据

特别会说话的人都这样说话. 2，高手篇 /（日）大野萌子著；滕小涵译. -- 上海：文汇出版社，2022.7
ISBN 978-7-5496-3741-6

Ⅰ.①特… Ⅱ.①大… ②滕… Ⅲ.①语言艺术－通俗读物 Ⅳ.①H019-49

中国版本图书馆CIP数据核字(2022)第094571号

YOKEI NA HITOKOTO WO SUKARERU SERIFU NI KAERU HATARAKU HITO NO TAME NO IIKAEZUKAN
BY Moeko Ono
Copyright © Moeko Ono, 2021
Original Japanese edition published by Sunmark Publishing, Inc., Tokyo
All rights reserved.
Chinese (in Simplified character only) translation copyright © 2022 by Dook Media Group Limited
Chinese (in Simplified character only) translation rights arranged with Sunmark Publishing, Inc., Tokyo through BARDON CHINESE CREATIVE AGENCY LIMITED, HONG KONG.

中文版权 © 2022读客文化股份有限公司
经授权，读客文化股份有限公司拥有本书的中文（简体）版权
著作权合同登记号：09-2022-0235

特别会说话的人都这样说话2：高手篇

作　　者　/　[日] 大野萌子
译　　者　/　滕小涵

责任编辑　/　戴　铮
特邀编辑　/　李思语
封面装帧　/　唐　旭&谢　丽 xtang@foxmail.com

出版发行　/　文匯出版社
　　　　　　　上海市威海路755号
　　　　　　　（邮政编码200041）

经　　销　/　全国新华书店
印刷装订　/　河北中科印刷科技发展有限公司
版　　次　/　2022年7月第1版
印　　次　/　2022年7月第1次印刷
开　　本　/　890mm×1270mm　1/32
字　　数　/　118千字
印　　张　/　9.25

ISBN 978-7-5496-3741-6
定　　价　/　49.90元

侵权必究
装订质量问题，请致电010-87681002（免费更换，邮寄到付）

序　言

　　我做了许多年的企业心理咨询师，倾听过两万多人的烦恼。这些烦恼有的是源自沟通障碍，有的是源自职场骚扰，还有的则是因为在压力管理方面出了问题。

　　"我的上司特别自以为是，看人下菜，搞得我失去了工作的动力。"
　　"我和自己的下属沟通起来总是会出问题。"
　　"同事说的话实在是太伤人了，所以我都不想再去公司了。"
　　"开网络会议的时候，公司里的前辈说的话听起来很像是性骚扰。"

　　诸如此类，职场人士的烦恼有九成都与周围的人际关系有关。
　　甚至可以说，职场中的人际关系好坏决定了一个人能否感受到工作的价值和工作带来的充实感。
　　现如今，线上办公已经成为主流，时代的变迁使人与人之间的关系也变得更加复杂。本来在面对面交流的情况下，人与人之间都很难相互理解，现在随着见面机会的减少，在沟通方面感到烦恼的人也越来越多了。
　　人们的工作方式和生活方式变得更加多种多样，用来交流的工具也是种类繁多。在这样的大背景下，"不经意的一句话"可能就会让他人思虑许久。有的员工刚进公司，就会因为上司的一句话而选择辞职；有的上司只是随口说了一句话，就被下属当成了骚扰。像这样，因一句话而引发的矛盾正在不断增加。

在这本书中，我把自己给职场人士做心理咨询时经常会遇到的 109 种"不合适的说法"按照不同的使用场景分 10 章列举了出来，并且给出了"合适的说法"供大家参考。

即使是表达同样的意思，换一种说法也会给人带来完全不同的印象。在书中，我会给出具体的理由和事例，来对不同说法之间的区别进行说明。

● **不给人际关系增添压力的 4 个关键点**

在大家继续往下阅读之前，我想先向大家介绍 4 个不给人际关系增添压力的关键点。

学会如何处理人际关系带来的压力后，我们就能够更好地控制自己的情感，避免出现意想不到的失言现象。

① **与他人保持适度的距离感**

人类是一种情感动物，因此，大家自然会想要与同事建立良好的关系。但是距离一旦过近，我们就会对对方产生依赖感，矛盾也很容易就此产生。

与工作中需要打交道的人建立起信赖关系，这一点非常重要。但双方毕竟不是朋友，所以也没必要太过亲昵。

最重要的一点是，面对任何职位、年龄、性别的人，都要保持尊重，与对方平等地对话。

与所有人保持适度的距离感，在沟通时相互尊重，这就是使人际关系保持长时间稳定的秘诀。

② 做好自我控制

这一点也与人类的情感有关。我们在工作中遇到的人并不一定都是我们喜欢的，还会有一些我们相处不来或是讨厌的人，这些都会对沟通产生一定的影响。然而在工作中，我们却应该尽量抛开这种个人的感受。

想要做到这一点，就必须进行"自我控制"。而自我控制的前提，就是先正确地理解自己的真实感受。

事实上，很少有人能够充分地理解自己的真实感受。因为在平时的生活中，我们会为了保持内心的平和而想方设法地忽视自己内心的厌恶和痛苦，时间久了，我们就变得不那么敏感，很难看清自己的真实想法。

再加上，如果我们被内心的感受所操控，那么工作中的行动也会受到阻碍，因此我们常常会选择无视它。这就是一种轻视自己的表现。

因此，我们首先要学会珍视自己，直面并承认自己的真实感受。当我们看清了自己内心的状态后，原因不明的焦躁就会减少，还可以避免在无意识中向他人宣泄情感。

正确地把握自己的情感，并且客观地去审视当前的状况，这一点非常重要。

③ 注意多使用积极的语言

那些善于沟通、能够建立起良好人际关系的人，往往会经常使用积极的语言。

在日本，人们自古以来就相信语言里寄宿着"言灵[1]"。例如，婚礼等庆祝仪式会尽量避免使用那些容易联想到"不和"的词语。而我认为，在职场的交流中也同样应该注意这一点。

积极的语言能够为职场的人际关系带来积极的影响，反之，如果在职场中使用许多消极的语言，那么人际关系也很容易出现问题。当我们在开会时，如果有许多人都做了消极的发言，那么我们就会感到格外的疲惫，会议结束后也依然会被负面的情绪所包围。

由此可见，消极的语言会对人的心理产生巨大的影响。我们一旦出现了负面的情绪，那么工作的积极性也会受到打击。

反之，如果我们在工作时能够使用积极的语言来相互鼓励，那么我们的工作积极性就会有所上涨，我们就能够更加主动地投入到工作中去。

④ 在职场之外找到一个可以说真心话的地方

人都有多面性。当自己的每一面都有地方可以展示时，人就会感到安心。

工作时的一面，作为丈夫或妻子的一面，作为父亲或母亲的一面，在学校时的一面，和老朋友在一起时的一面……有时我们会像小孩子一样撒娇，有时我们又需要发挥自己的领导能力。如果我们能够找到许多"容身之处"，把自己的各个面全部展现出来，就不会积压过多的压力了。

---

[1] "言灵"一词来源于日文。信者认为语言中存在神灵，并且具有神秘且强大的力量，可以支配人。——编者注

如果我们只有一个"容身之处",那么积攒的过多的压力就无处可逃。

例如,当职场是我们唯一的精神归属时,一旦工作中出了岔子被上司训斥,我们就会感觉自己被全盘否定了。而如果我们在职场中碰到了不顺心的事情后,可以跑去别的地方发发牢骚,吐吐苦水,那么精神上就能够保持一定的平衡。

如果我们在五个地方分别扮演五个不同的角色,那么即使是在其中的两个地方遇到了不顺心的事情,也还有剩下的三个地方会接纳我们。

只要掌握了这4个关键点,人际关系方面的烦恼就一定会减少许多。

如果您现在还没有做到,那么请您在读完本书后,从这4个关键点中至少选出1点来付诸实践。在养成习惯的同时,再试一试书中给出的"合适的说法",这样一来,相信您与他人的沟通一定会变得比平时更加顺畅。

● **和谐的人际关系能够带来幸福感**

在当今社会,越来越多的人开始转变观念,认为工作是为了自己,而不是为了公司。在找我做心理咨询的人中,有许多人都是只要在公司遇到不顺心的事,就会立刻想要辞职。甚至还有人希望能够在工作中避免与他人打交道。

然而,人终究无法独自生活下去。

我们在工作中会接触到许多的人:下订单的人、接受订单的人;眼前的客户、网线另一端的客户;制造商品的人、运输商品的人;同事、上司、下属;自由职业者和业界其他公司的合作伙伴；等等。

　　最近，由于无法与其他人见面而感到孤独，心理方面出现问题的人越来越多。无论在什么样的职场，做什么样的工作，人际关系的问题都不可能完全消失。

　　毕竟人无完人，每个人都会有优点和缺点。因此，如果我们能够相互体谅，相互尊重，保持良好的沟通，那么就一定能够感受到相互理解所带来的喜悦与充实感。

　　据说在人的一生中，工作的时间会占到三分之一以上。如果我们能够在职场中建立起良好的人际关系，那么人生也一定会变得更加轻松和满足吧。

　　"和谐的人际关系能够带来幸福感。"

　　在认真倾听了许多人的烦恼后，我真真切切地感受到了这一点。

　　我相信，只要大家能与他人保持适度的距离感，避免出口伤人，温和地与他人沟通，就一定能够构建和谐的人际关系。

　　希望这本书能够帮助大家稍稍卸下心灵的重担。

大野萌子

目 录

01　初次见面 ———————— 001

当双方都对彼此还不太了解时，首先应该多为对方带去一些信赖感和安心感。

02　自我介绍 ———————— 025

如果想让初次见面的人对自己产生兴趣，觉得"想要和这个人多聊一聊"，那么自我介绍就是我们的第一个机会，也是最重要的机会。

职场建议① ———————— 044

03　与上司和前辈交谈 ———————— 047

当我们在工作中与上司或是前辈交谈时，一定要注意礼节，向对方展现出尊重和信赖。

04 与下属交谈 —— 071
沟通不是像网球那样对打,而是要像抛接球那样,先接住对方抛来的球,对对方的意见表示理解。

职场建议② —— 108

05 与同事交谈 —— 111
大家一定要记住三个原则:不要总是彰显自己的独特;不要用高高在上的态度去压制对方;不要忽视对方。

06 远程办公、收发消息 —— 149
远程办公会使公私的分界线变得模糊不清,因此,我们更需要时刻注意尊重对方的隐私。

职场建议③ —— 174

07 与顾客交谈 —— 177
在接待顾客的过程中,心与心的交流要比员工手册和商务礼仪更为重要。

08 应对投诉 —— 199

所谓"倾听",并不是指一动不动地坐在那里听对方说话,而是要让对方感觉到自己得到了重视和理解。

职场建议④ —— 218

09 接待客户 —— 221

当我们在与客户或是顾客交谈时,使用礼貌尊敬的措辞是第一大前提。

10 面试、职业咨询、换工作 —— 237

企业的面试官想要聘用的并不是履历光鲜的精英,而是能够长期一起工作、值得信赖的伙伴。

说法对照表 —— 266

结语 —— 279

01

初次见面

无论是在工作中还是在日常生活中，初次与他人见面时都应该展现出积极的态度，用行动来告诉对方："我对你的印象很好，想进一步了解你，和你建立良好的关系。"

接下来，我们可以和对方展开对话，看双方在兴趣、喜好、价值观和心理上是否存在共同点，并让这些共同点为关系的进一步发展奠定基础。

不过，也没必要一下子把距离拉得太近。尤其是不要对别人的隐私刨根问底，否则很容易招来反感。还需要注意的是，不要对初次见面的人细说自己的生平和坎坷经历，这种"过度自我表露"的行为也会起到反作用。如果刚一见面就摆出一副很熟的样子，反而会让对方的心中生出警戒和猜疑，使彼此的距离越来越远。

当双方都对彼此还不太了解时，首先应该多为对方带去一些"信赖感"和"安心感"。建立了伙伴意识后，双方的距离自然就会拉近。

第 1 条

当你想知道对方的工作状况时

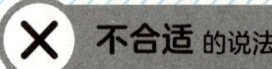 不合适 的说法

您最近工作还顺利吗？

 合适 的说法

您最近工作进展如何？

用"开放式问题"来代替"封闭式问题"。

问题可以分为两种，一种是只能用"是"或"否"来回答的"封闭式问题"，另一种则是可以自由回答的"开放式问题"。在与他人初次见面聊天时，如果封闭式问题出现的次数过多，那么对方只需要回答一句话就会使话题终结，很难继续畅谈下去。

比如，当别人问我们"最近工作还顺利吗"的时候，我们应该如何回答呢？此时，摆在我们眼前的选项只有两个，一个是"挺顺利的"，另一个是"不太顺利"。如果工作的状况很糟糕的话，我们可能还会觉得十分尴尬，难以启齿。

反之，如果用开放式问题来询问，例如"最近工作进展如何"，那么对方就可以选择自己愿意聊的话题。业绩、下属、上司、新项目……只要是与工作相关的话题都包含在内。接下来，我们就可以顺着对方选择的话题继续提问，让对话更加深入，持续得更久。

这一点也同样适用于工作以外的话题。如果我们总是提出封闭式问题，那么会给对方带来一种"被盘问"的感觉。单方面地询问对方"您喜欢……吗"，只会得到"喜欢"和"不喜欢"两种回答。而如果问对方"您对……有什么看法""最近……好像很流行，您觉得怎么样"的话，那么对方就可以表达自己的意见或是感想。请大家以后在日常对话中多多注意这一点。

第  条

当你想知道对方的年龄时

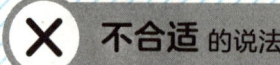 不合适 的说法

您今年多大?

✓ 合适 的说法

您是几零后?

直接问对方的年龄很不礼貌，
询问一下大概的范围即可。

两个人初次见面时，只能在相互还不了解的状态下进行交谈，因此常常会不知道该从何聊起。有时，为了寻找共同的话题，我们会想要询问对方的年龄。

但是，有些人（女性居多）就算是还很年轻，也不愿意告诉别人自己的年龄。因此，直接问对方"您今年多大"是一种不礼貌的行为，大家一定要多加注意。还有的人十分想要了解对方，即使对方拒绝回答，也还是会继续纠缠不休，这种做法就更容易引起别人的反感。

不过，如果我们能够知道对方是哪个年龄段的人，的确会更容易找到共同话题。在这种情况下，大家可以试着问问对方是"几零后"。近年来，还出现了一些用来描述年龄的新词，用起来十分方便。例如，二十多岁的人会用"奔三"来形容自己，而三十多岁的人则说自己"快奔四了"。

我在做心理咨询或是电话咨询时，有时也需要确认对方的年龄，但是我绝对不会直接问对方"您今年多大"，而是会询问大概的年龄段，比如"如果可以的话，能否告诉我您是几零后"。

即使对方已经上了年纪也是同样。有些人会直接对上了年纪的人说"老了真是太不方便了"，这样的说法很容易伤害到别人。除此之外，大家还需要注意，在得知了对方处于哪个年龄段以后，一定不要用"九零后的人都……"这样的固有印象去给别人贴标签。

第 3 条

当你想知道对方住在哪里时

 不合适 的说法

您住在哪里？

✓ 合适 的说法

您住在附近吗？

初次见面时不要直接询问对方的住处，最多问一下回家的方向即可。

在工作或是活动结束后，我们经常会和其他的工作人员一起离开。当我们想要知道对方住在哪里时，可能会直接询问对方"您住在哪里"。虽然有的人并不会在意这些，但是现如今，人们对个人信息的保护已经越来越敏感，也有一些人会对这种涉及隐私的问题产生强烈的抵触情绪。

如果想知道对方和自己回家的方向是否一致，可以说"您从这里坐地铁回去吗？我回家是坐×号线"，在提问的同时把自己要使用的交通方式告诉对方。这样一来，对方回答起来也很方便，可以直接说"我坐×号线"。除此之外，还可以选择问对方"您住在附近吗"，这样对方的回答方式会更加自由。有的人会直接说"挺近的，就在×××那边"，把大概的位置告诉我们，还有的人会用别的方式来表达，比如"从这里坐地铁大概1小时"。

如果对方看上去有些支支吾吾不太想说，那我们应该立刻向对方表示歉意，不要再继续追问下去。虽然询问别人家的大概位置并不是什么禁忌，但是大家仍需在问法上多加注意。特别是在初次见面时，对方的警戒心往往会比较强，所以一定不要问得太过直接。我们只要点到为止，问一下"您是住在哪个方向？我住在×××那边"就足够了，这样对方就不会提高警戒。

第 4 条

当你想知道对方的家庭组成时

 不合适 的说法

> 您结婚了吗？

↓

 合适 的说法

> 您是一个人住吗？还是和别人一起住？

家庭的形式有很多种，
不要问让对方觉得不好回答的问题。

对方是已婚还是未婚，有没有孩子，这些因素都会对话题的选择产生影响。知道了彼此的家庭组成后，我们也更容易找到自己与对方的共同点。然而，这个问题问起来的确是有很大的难度，一旦措辞不当，很容易给对方留下不礼貌的印象。因此，大家一定要慎重，不要一上来就问对方"您是单身吗""您结婚了吗"等问题。

在这种情况下，我通常会先说"如果可以的话，我想要多了解一下您"，为接下来的问题做一下铺垫，然后再问对方"您是一个人住吗？还是跟别人一起住"。我之所以会同时问这两个问题，就是想要向对方表示"我没有事先对你抱有任何特定的印象"。

如果只是问对方"您是单身吗"或者"您结婚了吗"，那么对方可能就会在心里寻思自己是不是给别人留下了"单身"或是"已婚人士"的印象。甚至还有的人会对这样的问题感到恼火，做出过激的反应。

家庭的形式有很多种。有的人虽然没有结婚，但是也在和伴侣同居；有的人虽然结了婚，但是却没有孩子；有的人虽然有孩子，但是却没有伴侣。除此之外，还有事实婚姻、和同性一起居住等各种生活方式。如果对方看上去不太想回答，那么就不要再继续追问下去。即使不知道对方的家庭组成，也并不会对工作产生什么影响。

第  条

当你想告诉对方自己的年龄时

 不合适 的说法

> 您看我像几岁？

 合适 的说法

> 我今年××岁。

问别人"您看我像几岁？"时，相当于是在说"我长得很年轻吧？"直接把年龄告诉对方即可，没必要卖关子。

很少有人会想要主动把自己的年龄告诉别人。然而近年来，外表与实际年龄不符的人越来越多（男女都有），因此，也会有一些人想要把自己的真实年龄告诉工作伙伴。这种想法本身没有任何问题，但是一些平时看上去比较年轻的人常常会不自觉地向别人卖关子，这一点需要格外注意。

无论是男性还是女性，在问别人"您看我像几岁"的时候都是希望对方称赞自己长得年轻。"您看我像几岁"背后的潜台词就是"我看起来很年轻吧？快称赞我长得年轻"。因此，就算我们觉得对方看上去有 50 多岁，也会礼貌性地回答说"45 岁左右"。事实上，大家对初次见面的人的年龄其实并没有多大的兴趣。

如果对方是以后要一起工作的同事，那么简单地介绍一下彼此的年龄和经历也是正常的。然而如果是在没有明确理由的情况下，让对方去猜测自己的年龄，大多都是过度自信的人想要满足自己的虚荣心而已。

如果很想把自己的年龄告诉对方，那就直接说"我今年××岁"就行了。如果想要显示一下自己长得年轻，可以说"您别看我长得比较年轻，其实今年已经××岁了，都抱上孙子了"。这样直截了当地告诉对方也比拐弯抹角地让对方去猜要好。

第  条

当你想知道对方的学历时

 不合适 的说法

您是哪个学校毕业的？

 合适 的说法

您在大学学的是什么专业？

"不去打听对方的学历"是一条基本准则，如果无论如何都想要知道的话，那就在问法上多花一点心思。

初次见面就询问对方的学历是很不礼貌的行为，应该尽量避免。

但是有些时候，在一些特定的环境下或是聊天的过程中，我们也会对对方的学历感到好奇。此时，最好不要直接问对方毕业于哪一所学校，而是可以先问一下对方的专业。在得知了对方的专业（如文学、经济、理工等）以后，我们可以再从中找到自己与对方的共同点，谈一谈自己的学习经历和学生时代的回忆。这样一来，对方也许就会打开话匣子，自然而然地讲起自己毕业于哪一所大学。

但是需要注意的是，爱聊学历的人很可能会给对方留下"过于看重学历"这样不好的印象。

有一些大学的学阀[1]现象很强，同一所大学的毕业生会相互帮扶，具有很强的伙伴意识。但如果换一个角度来看的话，这就意味着他们可能会把其他大学的毕业生排除在伙伴的范围之外。

在工作中，如果不是必须了解对方的学历背景，那最好还是不要去打听这些为妙。当我们不了解对方的学历和职业资格等情况时，才能从客观的视角出发，去发现这个人本身的魅力。如果对方没有公开自己的学历，那我们也不必特意去问这方面的问题。

---

1 学阀即学术门阀，指的是在特定的职业或组织中，由同一院校毕业的校友或隶属于相近学术圈的同僚所形成的排他势力。——编者注

第  条

当你想多了解一下对方时

 **不合适** 的说法

您应该很能喝酒吧？

 合适 的说法

您平时喜欢喝酒吗？

不要从表面印象来判断，自以为是地去猜测别人。

当你对对方感到好奇,想要进一步了解对方时,是否会单凭表面印象去做一些猜测?

例如,很多人会在初次见面时问对方"您应该很能喝酒吧""您家里肯定养猫(狗)吧""您工作能力一定很强吧"等,想要简单地给对方贴上一个标签。

一旦对方点头说"我的确很能喝酒,喝一整瓶红酒也没问题",那他们还会误以为自己真的很有识人之明。

这种自以为自己能够看穿一切的人,通常会对他人有较强的控制欲。而这样的倾向十分危险,一步踏错,就可能会伤害到对方,为自己树敌,还很容易给别人留下"这个人很傲慢,总是自以为是地去猜测别人"的印象。

当我们与对方初次见面时,就算是心里觉得对方应该很能喝酒,也不要直接这么问,而是可以先问对方"您平时喜欢喝酒吗"。如果对方回答喜欢,并且想要继续谈这个话题,那么我们可以说"我也很喜欢喝酒,所以一看到您就觉得应该很投缘"。

有很多人的外表和内在相差甚远,因此,我们在面对任何人时,都不能单凭表面印象来做出判断。等到大家增进了对彼此的了解之后,再去询问这些吧。

第 8 条

当你想要谈论对方的外貌时

 不合适 的说法

您长得像模特一样。

 合适 的说法

您笑起来感觉很亲切。

初次见面时最好不要谈及对方的外貌，可以赞美对方的神情和气质。

漂亮的人、可爱的人、帅气的人、身材很好的人……当我们遇到一些外貌方面比较突出的人时，可能会忍不住想要表达一下自己的看法。然而，在初次见面时就谈论对方的外表，这并不是一种好的做法。

长相和体型在很大程度上都是天生的，因此，我们最好不要去对别人评头论足，即使是称赞的话语也要三思而后行。

如果想要向对方表示"我对你的第一印象非常好"的话，可以从动作、神情和气质等方面去称赞对方，如"您笑起来感觉很亲切""您看上去特别有精气神""您说话很风趣""您看起来十分沉稳"等。

一方面，称赞对方"长得可爱"或者"身材很棒"，可能会让对方误以为你的目的不纯，产生厌恶感；另一方面，跟别人说"你长得好像×××（某个明星）"或者"追你的人一定很多吧"，也属于多此一举。就算我们觉得这样说是在称赞对方，对方也未必会这样认为。

我有一位个子很高的女性朋友，很多人都会问她"你这么高，是不是运动员呀"，导致她每次听到类似的话都会觉得十分无奈。在大家初次见面，彼此还不了解的时候，避开有关外貌的话题才是上上之选。

第 9 条

当你觉得对对方抱有亲近感时

 不合适 的说法

> 我们是不是在哪里见过？总觉得不像是第一次见面。

 合适 的说法

> 我在这种场合下一般都会很紧张，但是跟您却很聊得来。

> 不要使用这种搭讪时常用的台词，
> 保持适度的距离感非常重要。

当我们遇到跟自己志趣相投、很聊得来的人时，出于想要和对方进一步拉近关系的想法，可能会说"总觉得咱们不像是第一次见面"。然而这句话更像是搭讪时常用的台词，用在工作伙伴的身上并不是很合适，甚至有的人还会觉得这样的说法有些轻浮。

如果单纯觉得自己和对方聊得很投机，想要把这种感觉传达给对方，可以说"我跟别人第一次见面通常都会很紧张，但是跟您却很聊得来，真是太好了"。这样就能够给对方留下一个好印象。

"咱们在哪里见过吧？绝对见过吧"，这种纠缠不休的问法只会让对方感到迷惑。可以再说得具体一些，如"我们是不是一起参加过×××的会议"，对方回想起来也会更容易。

类似地，还有些人会说"你和我的朋友×××长得特别像，所以我觉得好像以前见过你"。这样的说法也有些多此一举。从对方的角度来看，自己被莫名其妙地拿出来跟一个不认识的人对比，只会觉得不知道该如何接话才好。

像搭讪一样的台词和过于"自来熟"的语气都有可能会让对方感到扫兴，用一句"今天认识您非常高兴"来表达自己的心情就已经足够了。

第 **10** 条

当你想和对方建立良好的关系时

 **不合适** 的说法

咱们以后可要搞好关系呀。

 合适 的说法

希望以后和您合作愉快。

太过"自来熟"会有一定的风险，使用正式且尊重的语气更能得到他人的信赖。

在与工作上的人第一次见面时，一定不要显得太过"自来熟"。

有些人觉得这样的说话方式能够快速地拉近双方的距离，然而事实却并非如此。如果是跟朋友聊天的话，那么怎么说都无所谓，但是在商务场合下，无论对方的年纪比自己大还是小，都一定要注意使用正式且尊重的语气。我们在工作中可能会遇到各种各样的人，而"平等地去对待所有的人"是在职场上构建良好人际关系的前提。

如果在初次见面时，就跟对方说"咱们以后可要搞好关系啊"，可能会让对方觉得你想要掌握主导权。

如果你是一个组织的负责人或领导的话，用这样的语气来活跃气氛也并没有什么问题。但如果领导以外的人这样说，就可能会给人留下高高在上的印象。我们也没有必要去以身犯险，一句"希望以后和您合作愉快"就足以谦虚地表达我们的愿望。

以前，我曾经访问过一家看护机构，那里的年轻员工会用比较熟络的语气跟大家说"今天精神不错嘛""继续加油哦"，结果惹得对方十分恼火，认为这样的态度有些"瞧不起人"。所以说，"自来熟"的说话方式有时还会给别人带来"不被尊重"的感觉。

同样地，我们在称呼别人时也要一视同仁，不要因为对方年纪小就直接使用昵称。

02

自我介绍

自我介绍的目的是给对方留下一个好印象。如果想让初次见面的人对自己产生兴趣，觉得"想要和这个人多聊一聊"，那么自我介绍就是我们的第一个机会，也是最重要的机会。

擅长自我介绍的人会面带笑容，轻轻松松地讲述与自己有关的话题，比如自己最近的动向、遇到过的趣事和一些失败的经历。他们非常擅长向周围的人展示自己。

而相反，在自我介绍上失败的人通常会有"爱显摆"的毛病，为了面子和虚荣心而四处炫耀自己任职过的公司和业绩。还有些人则是把姿态放得过低，把自己说得一无是处。事实上，自吹自擂和妄自菲薄都是自卑的表现，而这样的自我介绍只会给他人留下负面的印象。

为了避免这样的悲剧发生，我们可以试着把真实的自己展露出来。只要能让对方感觉到"这个人不是敌人""想要再多了解一下"，就已经非常成功了。如果能在初次见面时让对方对自己产生亲近感，那么我们就可以从恰到好处的距离感开始起步，去构建自己的人际关系。

那么，接下来请二位做一下自我介绍吧！

诶？

好的！

啊，好的……

那个……

我真的很不擅长自我介绍啊……

我这个人一无是处……对自己很没有信心……呃……那个……

扭扭 捏捏

啊！气氛果然变得很尴尬……

那个……我是说……

……

对吧！

虽然我们现在不是很有自信，

但是今后想要多挑战一下自己！

第 11 条

当你想要表示谦逊时

❌ **不合适** 的说法

> 我这个人一无是处,对自己很没有信心。

⬇

✓ **合适** 的说法

> 虽然我对自己不是很有信心,但是今后想要多挑战一下自己。

讲完自己的缺点后,一定要用积极的语言来收尾。

人无完人，每个人都会有自己不擅长的方面，正因如此，世界上的绝大多数人才需要在工作中相互合作。

然而，在初次见面的自我介绍中就说自己"一无是处"的人，往往只是想要规避风险，希望大家不要对自己有所期待，不要把棘手的工作交给自己来做。周围的人听了这样的话，往往就会觉得"这个人对工作没什么热情"，感到有些失望。

如果你真的很没有信心，对新工作感到有些不安的话，可以说"虽然我对自己不是很有信心，但是今后想要多挑战一下自己"，用积极的语言来收尾。没有信心并不是什么错事，只要我们把自己不擅长的方面坦诚地说出来，那么大家也会做好心理准备，以后在这些方面为我们提供一些帮助。

还有一些人会过分谦虚，一见面就说"我这种一无是处的人能到这么棒的公司工作，真是难以置信""这里真是高手如云，我觉得自己都不配和大家当同事"。这样说话只会让周围的人觉得"这个人还没开始工作，就怕自己会做不好，开始为自己找借口了"，使场上气氛变得尴尬。

有不会做的事情就直接说出来，这本身并没有问题。但是说完后，一定要用积极的语言来收尾，让对方看到你有努力的意愿，这样才能给对方留下一个良好的印象。

第 12 条

当你希望别人多了解一下自己时

✗ 不合适 的说法

> 说来话长，我这个人……

↓

✓ 合适 的说法

> 我的自我介绍只有两点。

喜欢谈论自己的人通常都有依赖别人的倾向，平时要多练习总结要点。

大家有没有见过在自我介绍时滔滔不绝的人？这种人的本意应该是想让对方多了解一下自己，然而听者却很容易感到厌烦，心想"这到底要讲到什么时候"。如果是和自己比较亲近的人聊天，那么就算是讲得久了点也能够得到对方的理解。但如果是在初次见面的自我介绍中就开始滔滔不绝地谈论自己，就容易给对方留下"情商低""自我表现欲太强"的印象，被周围的人疏远。

有些人会在别人没有提问的情况下，毫无保留地谈论自己。这样的人通常会有依赖别人的倾向。那些很享受双方互相依赖的关系，觉得"我把自己的事都告诉你了，你也得全都告诉我"的人，也属于这种类型。如果你想要让对方了解自己，并且不想给对方留下不好的印象，那么可以学着去"总结要点"。

如果我们用"我的自我介绍只有两点"来做开场白的话，那么就会勾起对方的好奇心，让对方认真地去倾听接下来的内容。接下来，我们就要把想要传达给对方的内容总结成两点，以简单易懂的方式表达出来。如果对方对我们所说的内容产生了兴趣，就会进一步向我们提问，使场面变得更加活跃。

需要注意的是，这两点一定不要过长。讲完两点后，也不要继续去说第三点甚至第四点。

第 13 条

当你有些怯场，不知道说什么才好时

✗ 不合适 的说法

抱歉，我这个人很怕生。

↓

✓ 合适 的说法

今天我和大家是初次见面，所以有些紧张。

> 说自己"怕生"，就相当于在自己和他人之间筑起了一道围墙。如果感到紧张的话，可以坦诚地告诉对方。

有不少人见到陌生人会感到紧张。有些人习惯在初次见面时就对别人说"抱歉，我这个人很怕生"，而这种说法相当于在告诉对方"请和我保持距离"，在彼此之间筑起了一道围墙。

感到紧张也是没办法的事情，并不是做错了什么，所以没有必要跟对方道歉。主动向对方表示自己很"怕生"，会让对方觉得你不想让别人靠近，希望别人来掌握对话的主动权。

因此，内向的人可以把自己的感受坦诚地表达出来，如"今天我和大家是初次见面，所以有些紧张"。听说考试前如果觉得紧张，也是直接说出来会比较好。与其一个人去消化这些负面的情绪，不如向自己周围的人表达出来。对方了解了你的感受后，也会对此做出一些回应。当两个人发现彼此都有些紧张后，这种紧张的情绪也会有所缓解。

大家在初次见面时，都会不知道从何聊起才好。但是即便如此，也不应该使用"我不擅长应对这种场合""我不习惯在很多人面前说话"这种消极的语言去把对方推开。把自己的感受坦诚地告诉对方，才会让对方对你产生亲近感。

第 14 条

当你想告诉同事自己需要照顾孩子时

✗ **不合适** 的说法

> 一边工作一边照顾孩子真是太难了。

↓

✓ **合适** 的说法

> 近期我会先以非全日制的形式在这里工作，给大家添麻烦了，实在是不好意思。

用诚恳的态度把话说清楚，这样别人才会更愿意帮助你。

既需要工作，又需要照顾小孩的人有时会很想向别人诉说自己的难处。从对方的角度来看，了解同事的家庭组成的确很有必要，所以交流一下也是正常的。但是大家需要注意一点，那就是在跟别人初次见面时，没必要一上来就告诉对方"一边工作一边照顾孩子真是太难了"，跟人家诉苦。

如果由于需要接送孩子，导致上班会卡点到，或是没有办法全日制工作，那么可以直接把这些情况告诉对方。只是含糊其词地说"一边工作一边照顾孩子真是太难了，请您多多包涵"，可能会使对方感到反感，心想"到底是想让我包涵什么"。

如果跟同事说"我早上需要先送孩子去幼儿园，所以上班可能会卡点到，请大家多多包涵"或者"近期我会先以非全日制的形式在这里工作，给大家添麻烦了，实在是不好意思"，那么大家也会理解你的难处，愿意伸出援手。如果想要得到别人的理解，还是坦诚地把话讲清楚比较好，这样才能提升对方对我们的好感度。

有些时候，最好还是不要在自我介绍时把家庭的情况讲得太清楚，特别是有关孩子的话题。等实际开始工作后，再单独跟相关人士说明情况即可，千万不要在初次见面时就为自己树敌。

第 15 条

当你想提升存在感,获取对方的认同时

✗ 不合适 的说法

> 我拥有10个资格证。

⬇

✓ 合适 的说法

> 我很喜欢考取各种资格证,想要挑战一下自己的极限。

不要吹嘘自己,
除非是用来提供新的话题。

"希望获得对方的认同""想让大家觉得我的工作能力很强""希望别人能对我有很高的评价"……这种自我表现欲很强的人往往容易在初次见面时过度地展示自己，如吹嘘自己的学历、业绩或是资格证书。

相反，能够提供聊天的素材，让对方打开话匣子的人才更容易给别人留下良好的印象。这样一来，对方才会对我们产生兴趣，想要进一步与我们交谈。

假如你的面前站着两个人，其中一个人不管周围的人爱不爱听，只顾吹嘘自己，而另一个人则会讲起最近的趣事和大家都会感兴趣的新闻，炒热聊天的氛围，那么你觉得跟谁会更聊得来呢？

如果实在是想要向对方展示一下自己，也不要直接上来就吹嘘说"我拥有10个资格证"，而是可以在谈笑时当作一个有趣的话题抛出来，如"我特别爱考取各种资格证，现在已经考完10个了，还想继续挑战一下自己的极限"。这样对方也许就会觉得你很努力，对你产生好感，笑着为你加油。

如果觉得自己想说的内容无法成为聊天的素材，那么就没必要特意讲出来了。以一名听众的身份去寻找对方的闪光点，会给对方留下更好的印象。

第 16 条

当你想谈论自己的兴趣时

✗ 不合适 的说法

我特别喜欢车,现在开的是×××(某名牌车)。

↓

✓ 合适 的说法

我喜欢兜风,会经常开车去海边。

> 炫富式的发言会引起对方的反感,
> 尽量用比较平易近人的方式来表达。

自我介绍的一大关键就是不要让对方生出反感，然而总有人会在自我介绍时吹嘘自己，踩到别人的雷。

选择什么样的兴趣爱好是个人的自由，在双方对彼此有了一定的了解后再去说这些自然没什么问题。但是，如果在初次见面时就向别人吹嘘自己，只会让对方生出反感。

试想一下，如果你和别人第一次见面，对方就说"我特别喜欢车，只开×××（某名牌车）""我喜欢去国外旅游，每年都至少得去三趟"，向你展示自己昂贵的爱好，那么你会是什么感觉？是否会感到厌恶和不快，心想"一上来就炫耀""好烦啊""看他那副得意扬扬的样子"？

通过吹嘘自己来向别人展示自己有多么厉害，是渴望得到他人认可的表现。这样的人想要向对方展示自己奢侈的生活，给对方留下一种"上层阶级"的印象，从而获得对方的认可。

此时，最关键的一点就是不要直接说自己拥有什么东西，或是对高档消费品有什么追求。把"我有一艘游艇"换成"我喜欢大海"，把"我经常去高档的餐厅吃饭"换成"我喜欢到处寻找好吃的餐厅"，这样听起来就会舒服很多。

等到和对方的关系变得亲近一些后，再具体地去谈自己的爱好也不迟。初次见面就炫耀有百害而无一益，大家一定要多加注意。

第 17 条

当你想使用更加正式的措辞时

✗ **不合适** 的说法

> 这个嘛、讲真、超级

⬇

✓ **合适** 的说法

> 关于这一点、说实话、非常

在工作场合的发言不要太过随意，会给对方留下幼稚且不礼貌的印象。

即使已经步入社会开始工作，一些年轻人还是会用比较随意的语气与别人交流。平时习惯这样说话的人，在工作时要格外注意去使用正式的措辞。

大家平时和朋友说话时，往往会使用一些比较随意的口语词汇，但是这样的说话方式在工作场合却是大忌。特别是在初次见面做自我介绍时，大家一定要注意使用正式的措辞。

使用随意的语气说话有许多弊端，其中最危险的一点就是给对方留下幼稚且不礼貌的印象。即使我们为了给对方留下一个好的印象，在自我介绍时努力介绍了自己的优点，也会因为措辞不当而被对方打上"不成熟"的标签。

不仅如此，对方还可能会怀疑我们缺乏职场人士应该具备的基本常识，并因此失去对我们的信赖。在一些正式的场合中，比如决定重要客户的负责人时，如果有人用很随便的语气发言，那么上司肯定无法安心地把工作交给他。

近年来，由于越来越多的人在措辞方面开始出现问题，当我在负责培训企业的新员工时，人事部的人经常会嘱咐我说："一定要让新人学会正确地使用礼貌用语。"

职场不是学校，工作伙伴也不是和我们一起玩的朋友。就算大家想要跟对方拉近距离，在工作时也一定要注意使用工作用语。

第 18 条

当你思考接下来应该说什么的时候

✗ 不合适 的说法

嗯……、那个……、就是……

⬇

✓ 合适 的说法

……（故意停顿一下）

> "停顿"也是交流的一部分，
> 不要害怕，试着在说话时留出停顿。

有些人在说话时会用一些口头禅来填补话语的间隙，如"嗯……""那个……""就是……"。这种情况并不单单会出现在自我介绍之中。而从听者的角度来看，这样的口头禅听起来会很难受，有的人甚至会默默地开始数对方说了几次，或者是感到很烦躁以至于不愿意认真去听对方在说什么了。

那么，这样的习惯应该如何去纠正呢？其实只要在说话时故意停顿一下即可。许多人都害怕自己的发言出现停顿，所以会绞尽脑汁地找话去填补空白，然而事实上，"停顿"也是交流的一部分。

停下来认真地思考接下来应该说什么，慎重地组织语言，这样的人也会给对方留下好的印象。试想一下，如果一个人说话像连珠炮一样，中间还夹杂着一些口头禅，那么谁能持续地集中注意力去听他说了些什么呢？

我的一位朋友在做课外辅导工作，他说当学生们的注意力有些分散的时候，他就会在讲解的过程中特意停顿一下。

有些人在说话时会使用过多的口头禅，使人听不出究竟应该在哪里断句，以至于难以理解话语的内容。当你想要在短时间内把关键点传达给对方时，可以试着在话语中巧妙地安排一些停顿，这样就能更好地博取对方的信赖。

职场建议 ①

"抗压能力强的人"与"抗压能力弱的人"有什么区别

当我在做人际关系方面的心理咨询时，发现在面对同样的问题时，有些人会感到巨大的压力，有些人则不会。我认为这种区别源自这个人的思维是偏向"以他人为中心"还是偏向"以自我为中心"。

"以他人为中心"的人很怕自己会被别人讨厌，希望给别人留下好的印象，因此很容易因他人的言行而受到伤害。当别人拜托他们做事时，他们一般也很难拒绝，会勉强自己去完成。一旦他们把自己逼上了绝路，做出了种种自我牺牲却没能换来对方的赞赏和感谢时，他们就会感到无比的失望和气愤。

相反，"以自我为中心"的人则清楚地明白"我是我，你是你"，会把自己的问题和对方的问题分得清清楚楚。他们知道，把自己的感情和行动与对方的感情和行动分开来看，才能保护自己不被压力击垮。

另外，"抗压能力强的人"还会更注重去享受"过程"，而不会觉得"结果"就是一切。例如，当他们没能通过资格考试时,他们也会把目光转向积极的一面,觉得自己学到了许多知识,认识了一起学习的伙伴。而那些认为考试没合格就是失败了的人,则会感受到巨大的压力。这二者的区别其实在于我们是否能够看清"自我",明白什么对自己才是最重要的。

如果你想要让自己的思维更偏向"自我",那么一定要珍惜"自己独处的时间"。有了独处的时间,我们就可以为自己充电,洗去人际关系所带来的疲劳。这也是珍视自己的一种体现。

除此之外,还要注意"与他人保持适度的距离"。我们与他人的距离越近,需要消耗的心力就会越多。相反,如果能与他人保持适度的距离,那么我们的心灵也会留有更多的空间。

03

与上司和前辈交谈

当我们在工作中与上司或是前辈交谈时，一定要注意礼节，向对方展现出尊重和信赖。毕竟人与人需要通过合作来完成工作，所以基本的礼仪还是需要掌握的。

在这里，有两点需要注意：第一点，为了使组织内部保持和谐，当我们在与他人交流时一定不要感情用事；第二点，无论对方是什么性别，年龄有多大，都一定要以平等的态度去对待。

日本的企业多半采用垂直领导结构，因此，各个部门之间会有上下级的关系。大家在工作中遇到问题时，一定要先联系自己的直属上司，向直属上司进行汇报并与直属上司商谈。跳过直属上司直接向领导汇报属于越级行为，违反了职场的规则。只要遵守了以上这几条基本原则，相信大家一定能够与自己的上司和前辈保持良好的关系。

现如今，越来越多的公司开始不再论资排辈，而是更加重视成果，因此，"上司比自己年轻"的现象也不像以前那样罕见了。在这种情况下，大家也一定要注意说话的语气，给对方应有的尊重。

帮我整理一下明天商务谈判的资料吧！
知道了。
嗯？（有些不爽）
不好意思，
下午一点有客人要来，你可以去接待一下吗？
我倒也不是不能去……
到底去还是不去？
呃……
放下心来……
我去吧！
噌！
我努力一下应该可以完成！
交给我吧！

第 19 条

当你要答复上司或是前辈时

✗ 不合适 的说法

我知道了。

⬇

✓ 合适 的说法

我明白您的意思了。

"知道了"只能用来答复同辈的人或是下属，对上司和前辈这样说会有些不礼貌。

有些人无论和谁说话，都会用一句"知道了"来答复对方。

然而，当我们在答复上司、前辈或是公司以外的人时，还是说"我明白您的意思了"会比较好。因为"知道了"这句话本身带有一种"听完了对方的汇报后表示认可"的感觉。如果你平时会用这句话来回复上司，那么最好从现在开始换一种说法。

有些人觉得把"知道了"换成"已知悉"这种比较正式的说法就会显得更尊敬对方，所以会用"已知悉"来回复上司和公司外部的人员。但是这样说其实也给对方带来同样的感觉，还是尽量换一种说法为好。

当然，如果是用"知道了"回复自己的朋友或是同事的话，那就完全没有什么问题。

同理，在与上司和前辈说话时，最好也不要用"您说得太棒了"这种评价式的表达方式，会显得自己有些高高在上。换成"您的话让我受到了很大的启发"，就可以表达自己的感动和尊敬。

除了面对面的交谈以外，大家在发邮件和消息的时候也同样需要注意这些问题。

第 20 条

当上司突然指派工作，而你无法拒绝时

✗ 不合适的说法

> 我倒也不是不能做……

⬇

✓ 合适的说法

> 我努力一下应该可以完成，交给我吧。

不情不愿地答应会让对方心里不舒服，如果要答应，那就答应得痛快一些。

当上司突然有了新的工作或是人手不够的时候，可能就会叫我们来帮忙。有时我们自己的手头也有工作，不太想接别的活，但是看对方一副为难的样子，也不好轻易拒绝。

此时，很多人会说"我倒也不是不能做……"，不情不愿地答应下来。然而这种说法相当于是在告诉对方"我也是没办法才不得不答应"，会使对方觉得不太舒服，产生负面的情绪。

如果想要保持良好的上下级关系，那么就应该尽量用比较积极的语言来答复，如"我努力一下应该可以完成，交给我吧"。一定不要把自己"不想做"的想法直白地展露出来。如果我们在话语中加入了负面情绪，那么对方听到后，就会产生新的负面情绪，这样就会形成一种恶性循环。

如果觉得自己实在是做不了，就直接告诉对方"对不起，现在我手头有别的工作，实在是忙不过来"，这样对方也更容易理解。

既然已经定下来了要做，就用积极的语言去答复对方吧。带有负面情绪的回应很容易导致人际关系产生摩擦，大家一定要多加注意。

第 21 条

当你有不懂的地方想请教别人时

✗ 不合适 的说法

我什么都不懂，您能教我一下吗？

↓

✓ 合适 的说法

这个工作的这个部分我不太明白，您能教我一下吗？

问问题时要具体一些，让对方能够抓住要点，在请教别人前，一定要自己先努力解决一下。

刚进公司的员工说自己什么都不懂，希望别人教一教，也许还情有可原。但如果是已经在公司工作过一年以上，或者是从其他分公司调职过来的人，说自己"什么都不懂"只会给别人留下"甩手掌柜"的印象，让对方也不知道该从哪里教起。上司们也都很忙，新员工勉强还可以从零教起，但绝对没有时间去手把手地教那些有工作经验的老员工。

如果实在希望对方能够抽出时间来帮助自己，就要把问题问得更具体一些，如"这个工作的这个部分我不太明白，您能教我一下吗"。

最重要的是，把自己已经理解的部分、不太明白的部分和想要请教对方的问题全都清楚地表达出来，如"这份交接资料的第 × 页我有点看不懂，能不能请您指导我一下"。如果我们的问题能够切中要点，那么对方也会理解我们的疑惑，立刻找到解决的方法，为我们提出合适的建议。

然而，虽然"不懂就问"是一种很好的学习态度，但是如果提问的次数太过频繁，对方也可能会心想"怎么又来了，就不能自己去查一查资料吗"。

为了不给周围的人增添负担，当我们遇到问题时，应该先自己去试着解决一下，如果实在搞不懂再去请教别人。不要总是依靠别人，自己一点一点积攒下来的努力才会让我们真正地成长起来。

第 22 条

当上司或前辈邀请你去喝酒时

✗ **不合适** 的说法

这也是工作的一部分吗？

↓

✓ **合适** 的说法

对不起，我今天有点不方便，去不了。

注意拒绝的方式，不要让对方多想，可以直接用类似"我需要一点独处的时间"的表达方式。

当我们在某个公司工作时,经常会有上司和前辈们来邀请我们一起出去喝酒。毕竟有些话题不能在上班时间聊,喝酒也是一个深入了解彼此的机会,因此有不少人很喜欢出席这样的场合。

然而与此同时,也有一部分人不想把工作以外的私人时间用在职场的社交上。那么在这种情况下,应该如何圆滑地拒绝呢?

近年来,有些人会直接用"这也是工作的一部分吗""这种场合我从来都不去"这样的话来拒绝对方。这就相当于是在告诉对方"我在工作以外不想和你扯上关系",从而在彼此之间筑起了墙。

为了让彼此之间的沟通更加畅快,我们还是把自己的想法坦诚地表达出来比较好,如"对不起,我今天有点不方便,去不了"。即使所谓的"不方便"是自己心情上觉得不方便也没关系,没有必要编造一个虚假的理由。

如果觉得每次都这样拒绝会很麻烦,可以直接对对方实话实说,如"我需要一点独处的时间,否则会休息不好"或是"我不擅长应对这种喝酒的场合"。毕竟下班后的时间属于"私人时间",拒绝时也不需要考虑太多。

如果不想参加,一定不要勉强自己,为自己增添多余的压力。

第 23 条

当上司指派了你不擅长的工作，而你想要拒绝时

✗ 不合适 的说法

我不擅长做这类工作。

↓

✓ 合适 的说法

这个工作我不是很有自信能完成，可以请您为我提供一些帮助吗？

不要根据自己的喜恶和擅长与否来挑选工作，遇到不会做的工作，可以和上司谈一谈。

每个人都有自己擅长的领域和不擅长的领域。无论擅长与否，我们都需要完成自己的本职工作，这样才能获取相应的酬劳。有时，上司为我们指派了工作，但我们的能力和经验还略有不足，很没有信心。在这种情况下，可以试着和上司谈一谈，问问对方"这个工作我不是很有自信能完成，可以请您为我提供一些帮助吗"。

"我不擅长做这类工作""我不喜欢做这个"……像这样以个人的喜恶和擅长与否为由拒绝完成工作，是职场人士的大忌。这样的做法还可能会给对方留下"没有工作积极性"的印象。如果害怕自己无法顺利地完成工作，可以具体地告诉上司自己"会做什么"和"不会做什么"，这样上司就可以根据情况来做出应对。

还有一些年轻人很喜欢对别人说"我特别不擅长×××"。这种人往往非常希望得到他人的理解和认同。他们是想先说自己不行，让对方不要抱太大的期待，这样一来，当他们成功完成了任务时，就会得到更高的评价，给别人留下"非常努力"的印象。

然而，真正能够得到他人信赖的人往往会先说"虽然我的能力还有些不足，但是我一定会努力去战胜困难"，让对方看到自己的决心。然后，碰到不懂的问题时，他们会虚心求教，及时与他人沟通，不给对方添麻烦。这样的人才能迅速地取得进步。

第 24 条

当你不记得上司给出过某个指示时

✗ **不合适** 的说法

> 这件事您没说过啊。

↓

✓ **合适** 的说法

> 这件事是我没有确认清楚。

指责对方只会激化矛盾，不如想一想解决的对策。

无论是在工作中还是生活中,"说过了还是没说过"都很容易成为矛盾的导火索。"觉得自己说过的人""听别人说过然后忘记了的人"和"根本就没听别人说过的人",无论站在一起争论多久,都只会原地绕圈子,让彼此的关系越发恶化。

当上司说你的做法与他的指示不符,而你却完全没有印象的时候,千万不要用"这件事您没说过啊"来反驳对方,因为这样的说法会让对方觉得自己遭到了指责。

"你说的明明是……""这件事我完全不知情""如果有需要变更的地方怎么不早点跟我说"……类似这种用来推卸责任的言辞也很容易激怒对方。

即使对方真的有错,我们也要尽量避免与对方争论。在这种情况下,可以告诉对方"下次如果有需要变更的地方,请您用口头和邮件两种方式通知我一下,谢谢"。

如果真的是自己没有确认清楚,给对方添了麻烦,一定要先诚恳地向对方道歉,然后再告诉对方"如果下次您发了重要的通知,我没有回复的话,有可能就是我没有看到邮件,希望您能再提醒我一下,谢谢"。

既然事情已经发生了,就不要再去互相推卸责任,而是应该讨论如何做出改善,防止下次再重蹈覆辙。这样一来,双方才能建立起稳定的信赖关系。

第 25 条

当上司来询问工作的进度时

✗ 不合适 的说法

没什么问题。

↓

✓ 合适 的说法

现在××之前的部分已经完成了,预计在××日前能够完成剩下的部分。

一句"没问题"很可能会引来麻烦,把自己的工作进度描述得具体一些。

当上司来询问我们的工作进度时，如果选错了回答的方式，就有可能会带来意想不到的麻烦。其中比较常见的就是，有些人出于"不想让上司担心"或是"不想让上司看扁自己"等原因，会用一句"没问题"来搪塞过去，让对方放心。

在这种心理的影响下，就算工作只做了十分之三，有些人也会含糊其辞地说"没什么问题""正在稳步推进"。而对方听到了这样的答复后也不会特意去检查，只会当作工作进展得很顺利。到最后如果没能赶上截止日期，就会引来大麻烦——"怎么还没做完？你不是说没问题吗？"

在汇报工作进度的时候，一定要具体地告诉对方自己目前进行到了哪里，如"现在××之前的部分已经完成了，预计在××日前能把剩下的资料整理完"。把当前已经完成了的内容和接下来的安排一起说清楚，就不会招来误解。在面对上司时，一定要遵守"报告"、"联络"和"商量"这三大原则。

如果遇到了困难或是不懂的地方，一定不要隐瞒，而是要尽快找上司谈一谈，把自己的烦恼说出来。只要我们对上司开诚布公，那么上司也会向我们敞开心扉，安心地关注工作的进展。

第 **26** 条

当上司给出的截止日期太过紧迫时

✗ **不合适** 的说法

> 您的意思是让我一直工作不用休息吗?

↓

✓ **合适** 的说法

> 这样的话时间上会有点紧张,可以把截止日期延长到××日吗?

不要让对话变成吵架,
向着解决问题的方向去推动。

当上司给你指派了工作，却没有留出足够的时间时，你会如何答复呢？

例如，当你在一个周末休息的公司工作时，如果上司在周五的晚上给你安排了一项艰巨的任务，并且让你在下周一前完成，你会怎么做？再怎么想，时间也是来不及的。你会不会一气之下反问上司"您的意思是让我一直工作不用休息吗"？

这样的回答方式有点像是在和对方吵架。有些上司会认为"在工作很紧迫的情况下，员工加班加点完成也是理所当然的"，甚至在很多公司，这种情况已经成了一种常态。

每个人的工作内容都不同，因此很难一概而论。但是通常来说，如果不是十万火急的工作，那么最好的处理方式就是和上司商量一下，把截止日期推迟，如"这样的话时间上会有点紧张，可以把截止日期延长到××日吗"。

话虽如此，如果有需要立刻修改的内容或是突发性的工作，特别是在交货日期临近的情况下，把休息日用来工作也是没办法的事情。但是为了保证工作的质量，最好还是不要太过于勉强自己，把自己的情况认真地跟上司讲清楚为妙。如果不得不在休息日来公司上班，那么也要记得跟公司申请调休，保障自己的权益。

另一方面，公司管理层的人也需要注意，在给下属规定工作的期限时一定要考虑到休息日。在和公司以外的人来往时，可以用"××个工作日以内"这样的表达方式，避免出现问题。

第 27 条

当上司指出了你工作中的不足时

✗ 不合适 的说法

您事先没告诉我怎么做,所以我根本不知道。

⬇

✓ 合适 的说法

能否请您告诉我具体应该如何进行改善?

> 不要把自己没有做好工作的原因推到别人的头上,保持谦虚的姿态向他人求教。

当我们的工作经验还不是很丰富时，时常会被其他人指出不足。如果每次都感到失落或是恼火，那么我们的心中必然会积攒许多压力。在工作中，如果遇到了不会或是不懂的事情，只要向有经验的人求教，一步一步地掌握要领即可。

然而，有些人总是喜欢把责任推给其他人，他们会把自己犯错的原因都归结到其他人的身上，心想"都怪你没有教我怎么做，所以我才会做错"。

于是，当别人指出他们工作上的不足时，他们就会抱怨说"您事先没告诉我怎么做，所以我根本不知道"。而对方听到这样的话也会感到十分恼火，反驳道"你要是不知道的话，就应该主动来问我啊"。

想要顺利地解决问题，一定要注意保持谦虚的姿态。在这种情况下，我们可以说"能否请您告诉我具体应该如何改善"，用冷静而积极的态度进行应对。

如果是资料制作或是商品设计这种有实物留存的工作，可以向上司要往年做好的成品来做参考。如果是言辞和行为方面的问题，比如接待顾客这方面做得不够好，那么也可以请上司为自己做一下示范。

不要把责任推到别人的身上，而是应该想一想具体如何去解决问题。

第 28 条

当沟通上出现了问题，引发失误或是纠纷时

✕ **不合适** 的说法

> 难道我做错了吗？

↓

✓ **合适** 的说法

> 是我没有做好沟通，下次我会好好确认清楚。

承认自己的失误并主动道歉，然后再讨论一下如何防止类似的问题出现。

当沟通上出现了问题，引发失误或是纠纷时，有些人会想要推卸责任，反问对方说"难道我做错了吗"。还有一些人甚至会直接斩钉截铁地说"这件事错不在我"。特别是当项目团队中有多个成员时，大家很难查清问题究竟是出在"何时、何人、何事"上，因此很容易出现相互推卸责任的情况。

例如，当商品无法按期交货时，我们可能会看到这样的争吵——"是谁把交货期限定得这么早""我也只是按照客户的要求来做而已，难道这样做有错吗"。前者认为，在确定交货期限前应该先和相关的负责人商量一下，不应该擅自决定。后者则主张，自己只是把顾客的需求放在第一位，并没有做错。

在这种情况下，首先应该承认失误并主动道歉，然后再提出改善的方法，如"这次是我没有和相关的负责人沟通好，下次我会好好确认清楚"。

如果不知道该怎么做才好的话，可以询问对方"今后在类似的情况下应该如何进行联络比较好呢"，然后和对方一起商量一下。这样的话，为了不再重蹈覆辙，对方也会认真地思考联络方式和手段，给我们一些建议。必要的情况下，可能还需要制作一张工作流程图。

在工作中，如果遇到了不懂或是拿不准的事情，一定要及时询问其他有经验的人，不要擅自决定。有的时候，多问一句话，就会免去许多不必要的麻烦。

04

与下属交谈

长年以来，我曾在企业中多次负责新员工的指导工作，近五年来，我发现企业的新员工出现了一些变化。其中最大的变化，就是越来越多的人变得不愿意把真心话讲出来。很多人与上司之间的沟通并不顺利，并因此出现了心理方面的问题。

沟通不是像网球那样"对打"，而是要像抛接球那样，先接住对方抛来的球，对对方的意见表示理解。不仅如此，在沟通时，双方之间还可能会存在上下关系，这就相当于站在二楼或三楼的人在和一楼的人玩抛接球。在这种情况下，我们就需要格外注意抛球的力道，让对方更容易接住。

另外，上司在与自己的下属交谈时，其心理防御机制——"投射"还会出现增强的倾向。"投射"是一种自我防御的方法，指把自己不喜欢的特质"投射"到他人身上，从而将自己的缺点转嫁给他人。当你对自己的下属感到恼火时，不妨先冷静下来，看看能否在自己的身上找到原因，从客观的角度来审视其中的关联。

消沉 果然我还是不行啊……	我们开完会回来啦！

你怎么了？

我总是掌握不了工作的要领……

啊……

这种事有什么可烦恼的？

没办法，只能自己慢慢学呀。

啊！

呜！

你好像遇到了烦心事啊。

诶？

具体是哪里出了问题？

咱们一起来想办法吧！

第 29 条

当你看到自己的下属闷闷不乐时

✗ 不合适 的说法

> 这种事有什么可烦恼的。

⬇

✓ 合适 的说法

> 你好像遇到了烦心事啊。具体是哪里出了问题?

当别人来向你倾诉烦恼时,应该先表示理解,然后再询问具体的情况。

大家在工作时，难免会遇到不懂的问题。在这种情况下，不要一个人把烦恼憋在心里，而是应该和前辈或是上司谈一谈，这样才能更快地成长起来。

当下属来倾诉烦恼时，我们可以说"你好像遇到了烦心事啊。具体是哪里出了问题"。像这样，一定要先表示理解，然后再认真地聆听对方的倾诉。

就算在我们看来不是什么大不了的事，也千万不要说"这种事有什么可烦恼的""你不在意不就好了吗"这样的话，对对方的烦恼不屑一顾。因为这样做的话，对方就会关上自己好不容易敞开的心门，不愿再向你吐露心声。

另外，还有一些人急于得出结论，想要快速解决问题，因此会像连珠炮一样地询问对方"发生了什么""问题出在哪里""接下来怎么做比较好"。他们想要迅速了解具体的情况，但是却忽视了对方的情绪。当然，如果我们仅仅是与对方共情，却不去讨论具体的解决方式，那自然也无法解决问题。

无论是谁，都会希望得到他人的理解。如果我们忽视了对方的情绪直奔主题，那么只会给对方留下敷衍了事的印象。

因此，在聆听对方的倾诉时，一定要先表示出理解，然后再询问具体的情况。用语言和态度来向对方表示"我想要试着去理解你的心情"。要是能多留出一些时间来和对方谈谈心，那就再好不过了。

第 **30** 条

当你无法直接给下属肯定的答复时

✗ **不合适** 的说法

> 这么做也不是不行。

⬇

✓ **合适** 的说法

> 可以作为一种备选方案。

模棱两可的答复只会让对方摸不着头脑,应把自己的意见表达清楚。

当我们成为上司后，就会有下属经常来向我们寻求意见和建议，如"这样做可以吗"或是"这个应该怎么做才好呢"。

然而，上司也是普通人，也会有无法做出明确判断的时候。在这种情况下，有些人会回复对方说"这么做也不是说不行"。然而这句话有些模棱两可，相当于是在说"虽然不是不行，但也算不上行"，很容易让对方摸不着头脑。

如果无法直接给对方肯定的答复，那么可以选择其他带有肯定意义的表达方式，如"可以作为一种备选方案"或是"这样做或许也可以"。日本现在很流行使用"还不错吧"这样的说法。其原本的意思是"非常可以"，但也有的人用这句话来表示"非要从不可以和可以之间选一个的话，那还算是可以"。大家在平时工作时最好还是不要使用这种拐弯抹角的表达方式。如果是具体的某一点做得不够好，使你无法给出肯定的答复，那么可以将其指出来，让对方再回去认真考虑一下。

另外，当我们否决对方的意见时，也要同时把否决的理由讲清楚，这样对方才更容易接受，比如"这个企划以前已经做过了，再想一想有没有其他的方案"。

如果我们为了规避风险，只给下属一些模棱两可的答复，那么就可能会失去下属的信赖，从而招致更严重的后果。无论何时，都一定要把自己的意见表达清楚。

第 31 条

当下属的工作做得不够完善时

✗ 不合适 的说法

> 你这个工作完成得虎头蛇尾,这样的工作态度可不行。

↓

✓ 合适 的说法

> 有不懂的地方可以问我,一定要拿出自己觉得满意的成果。

给出提示,引导对方去思考,成为下属的强力后盾,激发其工作的积极性。

如果你努力完成了工作，结果却被上司数落说"你这个工作完成得虎头蛇尾""这样的工作态度可不行""你对待工作能不能认真一点"，你会不会感到十分恼火？听到这样的批评，想必你的工作积极性也会一落千丈。就算自己的工作的确做得不够完善，没有完成得很好，也很难坦诚地接受这种打击人的话语。

那么，如果一名上司说"有不懂的地方可以问我，一定要拿出自己觉得满意的成果"，他的下属又会怎么想呢？也许会觉察到自己做得还不够完善，开始思考接下来还应该做些什么吧。

如果发现下属的工作中有不够完善的点，可以具体指出，比如"这个资料的这一页写得不够明了，你想一想如何才能改进一下"。如果直接告诉下属应该如何去做，久而久之，就可能会使其产生依赖性。因此，我们也有必要引导下属去独立地思考。我们需要做的就是给下属一些提示，把需要改进的地方指出来，监督其工作的进度。这样一来，下属最终就会交上自己满意的成果。

上司要对下属起到带动的作用。下属的工作成果如何，在很大程度上取决于上司管理能力的高低。

第 32 条

当下属事后才来向你做重要的汇报时

✗ 不合适 的说法

> 你怎么不先跟我说一声？不要自己擅作主张。

↓

✓ 合适 的说法

> 以后重要的事情一定要先和我商量，然后再做决定。

下属的所作所为都由上司来负责。
用"商讨"来代替"指责"。

当工作上出了问题时，一味地把过去的事情拿出来批评和指责也起不到任何建设性的作用。一直揪着过去不放，只会使双方的关系恶化。因此，当下属在工作上出现了失误或是纠纷时，我们应该把目光放得长远一些，积极地和对方商讨解决方案，想一想今后应该如何避免类似的情况发生。

同理，当下属事后才来向我们做重要的汇报时，想必大家的心里都会有些恼火，想要指责对方说"怎么不先跟我说一声""不要自己擅作主张"。然而此时我们也最好保持冷静的态度，告诉对方"以后重要的事情一定要先和我商量，然后再做决定"。有些人一怒之下，会让下属去承担责任和后果，想要把自己撇得一干二净。然而事实上，在绝大多数情况下，下属的所作所为也都由上司来负责。

甚至还有一些人会直接破罐子破摔，用一句"随便你吧"来打发自己的下属，而这样的做法完全就是放弃了自己的责任。在这种情况下，下属也可能会以"不肯指导员工"为由向公司发起投诉。

一个劲儿地逼问对方"你为什么要这么做"也是非常危险的行为。这样的问题被称为"危险提问"，会给对方带来极大的精神压力。

大家要铭记"下属的所作所为都由上司来承担责任"，和自己的下属一起商讨出解决和改善的方案，就一定能够赢得下属的信赖。

第 33 条

当下属对工作条件或是绩效考核提出了过分的要求时

✗ 不合适 的说法

一个什么都不会的新人,怎么这么多要求?

⬇

✓ 合适 的说法

想让公司满足你的要求,就得先在自己的岗位上做出成果。

教会自己的下属"先把工作做好,再向公司提要求"。

近年来，许多刚进公司的新员工以及调换到新岗位上的员工会向上司表达自己对工作的不满，或是提出一些要求，比如"我来公司不是为了做这种工作的""能不能把我绩效考核的分数提一提"等。当你听到自己的下属这么说时，你会怎么做呢？

就算是心里想"一个什么都不会的新人，怎么这么多要求"，也不能直接这样说出来，否则很容易激化矛盾。你可能觉得刚进公司的员工说这种话很不自量力，但是如果被单方面地否决，对方的工作积极性就会有所下降，甚至有些人还会立刻辞职走人。

为了激发这些员工的工作动力，最好还是先表示出理解，然后再为对方指出一个方向，比如"想让公司满足你的要求，就得先在自己的岗位上做出成果"。这样就能促使对方脚踏实地地完成本职工作。

作为一名企业心理咨询师，我一向会告诉人事负责人"如果员工没有认真完成自己的工作，那么就可以驳回其对权利的主张"。如果有人以"公司没有明文规定"为借口常常迟到，或是无故拖延工作任务，那么我们就可以对其进行警告。教会自己的下属"先把工作做好，再向公司提要求"，这也是上司的职责之一。

第 34 条

当下属的工作总是做不好时

✕ 不合适 的说法

你难道读不懂吗？
要我说几遍你才能明白？

⬇

✓ 合适 的说法

一定要好好看一下这个资料的第××页。

> "培养员工"是上司的职责，
> 咄咄逼人的态度无法起到教育的作用。

那些容易因职权骚扰被员工投诉的上司，通常会有"态度过于咄咄逼人"的倾向。这种人经常会说"你难道读不懂吗""要我说几遍你才能明白""你还能不能好好干""别啰唆赶紧干活""我不是早就告诉过你吗"等。如果把这些话换成其他的表达方式，就不会给对方带来过多的心理压力。

例如，当下属没有仔细阅读说明书、资料或是通知时，我们可以直接说"一定要好好看一下这个资料的第××页"，督促其开始行动。与其用"你还能不能好好干"去指责对方，不如实话告诉对方"以后如果再出现这样的失误就不好办了"。在工作中不要太感情用事，最重要的是明确事实，然后一起商讨解决方案。

"别啰唆赶紧干活""我不是早就告诉过你吗"——这些都是我在做心理咨询时经常会听到的话语。像这样单方面地指责对方，给对方施加压力，很可能会被看作是职权骚扰。如果把前者换成"你先自己做一下，如果有不懂的地方再来问我"，把后者换成"下次要提前把工作进度跟我汇报一下"，就会好很多。

"培养员工"是上司的工作。当下属的工作总是做不好时，如果我们一味地发泄情绪，只会让双方的关系变得更加紧张，导致事态进一步恶化。

第 35 条

当下属取得了不错的成绩时

✗ 不合适 的说法

> 没想到你竟然做得不错啊。

⬇

✓ 合适 的说法

> 我就觉得你一定能行。

不要用挖苦的方式去表扬别人，肯定下属的能力，激发其工作的积极性。

有些人认为，在批评和指责下属时需要好好斟酌用词，而称赞和鼓励的时候怎么说都可以。然而事实却并非如此。

当一个平时表现一般的下属取得了不错的成绩时，我们可能会脱口而出"没想到你竟然做得不错啊""比我想象中做得好多了"。这样的表达方式纯属是画蛇添足，带有一种挖苦的含义，还是尽量避开为好。

就算你觉得这是在称赞对方，对方也会听出你的话外之音，发现自己并不被上司看重，并因此受到伤害。另外，使用"好"和"坏"这样的词来评价对方，也很容易给对方留下高高在上的负面印象。

在这种情况下，最好用积极的话语来表达自己内心的感受，如"我就觉得你一定能行""能取得这么好的成绩，我很为你高兴"。这样一来，对方的工作积极性也会上升。

反之，如果下属没能在工作中取得好成绩，我们又应该说些什么才好呢？此时，千万不要在别人的伤口上撒盐，说自己"很失望"或是"期待落了空"，而是应该把目光放长远一些，告诉对方"从这次的结果中吸取教训，想一想下次应该怎么做"。失败会让人成长，就算结果不尽如人意，也不要一味地指责别人。

第 36 条

当下属的表现与你的期望不符时

✗ 不合适 的说法

我还以为你应该挺能干的。

↓

✓ 合适 的说法

我觉得你是有这个实力的,咱们来想一想该怎么做吧。

> 不要把期望值设定得过高或过低,和对方站在同等的高度上,把话题往积极的方向上引导。

我们对别人的期望值越高，期望落空时的失落感就会越强。在有些情况下，我们甚至会觉得自己遭到了背叛。"期望"和"背叛"总是如影随形，将这些情绪带入到上下级关系中，是一件非常危险的事。

比如，如果你对下属的期望值是10，而下属拼尽全力后拿出的成绩只有5，那么你肯定会对他做出一些负面的评价，觉得对方没有自己想象中的那么优秀，与自己的期望不符。

反之，如果你对下属的期望值只有3，而下属拿出的成绩是5，那么你又会怎么做呢？由于你本来并没有对他抱多大的期望，也许会一下子脱口而出"没想到你竟然做得不错啊"，让称赞变成了一种挖苦。

为了解决这个问题，大家一定不要把期望值设定得过高或过低，而是应该和对方站在同等的高度上，把话题往积极的方向上引导，如"我觉得你是有这个实力的，咱们来想一想该怎么做吧"。

有些人为了照顾对方的感受，会用"失败是小事，不必在意"这样的话来安慰对方。如果不是发自真心，那么其实也没有必要这样做。

下属没有做好自己分内的工作，这已经是既定事实。我们需要做的，就是让他先认识到这一点，然后再引导他去思考以后应该怎么做。

第 37 条

当下属总是掌握不了工作的要领时

✗ 不合适 的说法

> 我也是为了你好,要是现在掌握不了工作的要领,以后可就要头疼了。

⬇

✓ 合适 的说法

> 我希望你能快点掌握工作的要领。你打算如何去做?

期望会转化为背叛,而背叛会转化为攻击和威胁。
让对方自己想一想应该如何去做。

每一位上司都希望自己的下属能够快点掌握工作的要领，然而这只是上司的一厢情愿罢了。"我对你有很高的期望""我也是为了你好"——说这些话的人只是想要控制别人，让别人按照自己的意愿去行动。

我在前文中提到过，"期望"很容易转化为"背叛"，而"背叛"还会进一步转化为"攻击"。有些上司会威胁下属说"我对你有很高的期望，所以才想告诫你，还是快点掌握工作的要领比较好"或是"要是现在掌握不了工作的要领，以后可就要头疼了"。然而事实上，头疼的是他们自己。也就是说，他们是把自己的烦恼推给了下属。

不过，当下属干劲满满，想要快点掌握工作的要领时，我们也可以说"我对你有很高的期望"，来鼓励对方。在此基础上，还可以再询问一下对方有哪些具体的计划。这样一来，对方就会从自己的现状出发，分析接下来该如何去做。当下属在学习的过程中遇到困难时，往往还会来找我们商议对策。此时，千万不要用"你知道该怎么做吗""真的没问题吗""能行吗"这样的问题去试探对方，否则对方会觉得自己不被信赖。

我们需要做的，就是成为下属坚实的后盾，告诉对方"如果有不懂的地方，一定要马上找我商量"。这样一来，对方也会放下心来，把更多的精力投入工作中。

第 38 条

当下属无法完成你指派的工作时

✗ 不合适 的说法

> 你怎么连这点东西都搞不明白。

↓

✓ 合适 的说法

> 我希望你能在本周内掌握这个工作的要领，你觉得怎样才能做到？

询问一下对方的想法。
通过 OJT 培训来做意象训练也很有效。

当我们费了很大的工夫去做指导，而下属却还是没有掌握工作的要领时，我们可能会一怒之下责备对方说"到底要说几遍你才能记住""我不是早就告诉过你了吗"。甚至还有一些人会对对方进行人身攻击，如"你怎么连这点东西都搞不明白，真是笨死了"，而这种人身攻击往往就会造成职权骚扰。

如果口头上进行说明后对方仍无法理解的话，可以把要点写到纸上，将其可视化，这样会更有助于理解。确定对方能够看懂以后，可以再设定一个期限，如"我希望你能在本周内掌握这个工作的要领"。

那么，当下属无论如何都学不会，总是无法完成我们指派的工作时，我们应该怎么做才好呢？此时，如果对对方说"是我错了，不该把这个工作交给你去做"，会给对方造成伤害。因为这种责怪自己的说法相当于是彻底放弃，认定了对方没有完成工作的能力。

最好的解决方式就是和对方坐下来好好谈一谈，问一问对方"你觉得怎样才能做到"，或者"如果现在的工作太困难，要不要换到别的岗位上"。除此之外，使用OJT（On the Job Training）的方式来培训员工，也会比让员工自己学习更有效。让技能娴熟的老员工直接给新员工做示范，新员工就能更快地熟悉工作流程。总而言之，如果让下属独自面对困难，只会使其渐渐失去自信，所以我们一定要尽快为其提供帮助。

第 39 条

当下属看起来毫无反省之意时

❌ **不合适** 的说法

你好好反省一下。

⬇

✅ **合适** 的说法

我们一起讨论一下，今后如何才能避免出现类似的失误。

> 每个人都会反省自己的错误，
> 应该想办法促进彼此之间的理解。

很多情况下，当下属在工作中出现了失误或是失败时，上司需要承担相关的责任，比如向有关人员致歉、指挥工作从头再来等。

有的人本来就很不愿意给下属收拾烂摊子，此时，如果下属看上去还毫无反省之意，那么他们就更会觉得火大。遇到这种情况时，我希望大家能够记住一条沟通的基本原则，那就是"永远不要翻旧账"。

当工作中出现了失误或是失败时，第一个开始反省的肯定是当事人自己。就算表面上看不出来，当事人心里也很清楚。此时，如果周围的人还在不停地往伤口上撒盐，那么当事人可能会承受巨大的压力，以至于出现更多的失误。甚至有些人在被上司斥责后，每当上司从自己的身边经过时都会感到紧张，觉得身体不舒服。

为了避免出现这样的恶性循环，我们可以对犯了错的下属说"我们一起讨论一下，今后如何才能避免出现类似的失误"，这样才能促进彼此之间的理解。如果怕光是这样做的话下属吸取不到教训，那么可以让对方自己思考一下有哪些具体的应对方案，然后来向我们汇报。此时需要注意的是，仅仅是"思考"还不够，通过汇报来实现信息的共享也非常重要。

第 40 条

当你无法直接满足下属的要求时

✗ 不合适 的说法

这个绝对不行。

↓

✓ 合适 的说法

我会考虑一下如何解决。

不要一上来就否决对方的要求，如果有难处的话，可以把理由告诉对方。

"我想尝试其他不一样的工作""我想在自己家里远程办公""我想休长假"——当下属提出的要求有些超乎你的意料时，你会怎么做？有些人会立刻否决对方的要求，跟对方说"这个绝对不行""这不可能"；而还有些人则会展现出积极的态度，说自己会考虑一下。这两种不同的应对方式，会让下属对你的信任度发生巨大的变化。

想要否决对方的要求很简单，作为上司，我们也完全有这个权力。一句"做不到"或是"维持现状"就可以把对方打发走。

然而，当上司对下属的意见和要求不予理会时，下属也会感到憋闷，使工作受到影响。如果下属提出的要求有些过分，违反了公司的规定，那么我们予以否决也是理所当然的。但如果是对工作方式和内容的诉求，那我们就必须重视起来。

例如，当下属由于家庭方面的原因想要休长假时，我们可以回复说"我会考虑一下如何解决"。这样一来，对方可能也会思考一下如何才能不给公司添麻烦，提出一些解决方案。远程办公、非全日制办公和调换职位的要求也同样可以这样处理。如果实在是有难处，那么可以好好跟对方说明理由，这样对方也更容易接受一些。

上司也是普通人，可能会根据个人的喜恶来做出判断。我们在工作时，一定要注意不要对下属区别对待。当多名下属提出同样的要求时，我们也要用统一的理由来否决，这样才能做到一视同仁。

第 41 条

当下属看上去很悠闲，工作进度很慢时

✗ 不合适 的说法

你好像每天都很悠闲自在，没什么烦心事啊。

↓

✓ 合适 的说法

请按时完成工作。

把想说的话直接说出来，
否则对方理解不了你的言外之意。

大家有没有在公司中遇到过每天都悠闲自在的乐观主义者？这种人的存在能够缓解职场上紧张的氛围，但如果周围的人都在忙碌地工作，只有他一个人不紧不慢，那么其他人也难免会感到有些恼火。

此时，有些人可能讽刺他说"你好像每天都很悠闲自在，没什么烦心事啊"或是"家庭条件好的人就是跟其他人不一样"，目的是想要批评他"工作进度太慢""缺乏工作积极性"。然而，与其这样拐弯抹角，不如直接说"请按时完成工作"，否则对方可能理解不了你的言外之意。

我的一个朋友也曾经跟我抱怨说："在群里发了工作的通知，结果有一个人就是不看消息。"也许这个人是天生慢性子，但如果这种性格影响了工作，我们就必须好好地提醒他"工作上的消息必须两天内回复"。

以前，也有人说我"看上去一点烦心事都没有"，这令我感到不快。如果你是想称赞对方"就算是遇到了烦恼也会面带笑容，看上去十分开朗"，那么最好还是换一种说法，比如"你总是能够面带笑容，这一点真好"。这样一来，对方听了以后也会感到很开心。毕竟，在这个世界上，并不存在没有烦恼的人。

第 42 条

当对方的价值观与自己不同时

✗ 不合适 的说法

按照常理来说……

⬇

✓ 合适 的说法

我认为应该……

所谓的"常理",其实只是"我自己"。
不妨直接作为自己的观点表达出来。

我在为别人做心理咨询时，从来都不会使用"按照常理来说……""一般来说……""所有人都……""大家都……"这种"一般化"的表达方式。只有当一个人对自己的意见没有自信，却想要驳倒对方时，才会使用这样的表达方式，强调自己的意见是"大众共识"。类似的话语在集体欺凌时也十分常见，还有很多人已经把它当成口头禅来使用。

我经常会让听讲者用这样的句式来造句，然后再让他们把句中的主语换成"我"。这样一来，大家就会发现原来这些观点其实都是自己的想法，继而露出震惊或是尴尬的表情。例如，当一个人说"人都是自私的"时候，其实相当于是在说"我是自私的"。

当你想要使用这种"一般化"的表达方式时，可以试着把主语换成"我"。就算你想要用"常理"去驳倒其他拥有不同价值观的人，对方也不会被说服，只会对你口中的"常理"感到疑惑罢了。如果换成"我认为应该……"，那么对方就会明白这是你自己的观点。

与其使用抽象的表达方式将自己的观点"一般化"，不妨直接把自己的观点表达出来。

第 43 条

当下属表示自己对工作有些不满时

✕ 不合适 的说法

> 比这更难的工作我都做过。

⬇

✓ 合适 的说法

> 我做过和这类似的工作，必要的时候可以跟你分享一些经验。

首先应该体谅对方的难处，不要拿对方跟自己作对比，而是要为对方提供一些支持。

当下属在完成某项工作后抱怨不停时，我们应该先肯定其付出的努力。

此时，我们可以先对工作的过程做出评价，比如"你的努力终于有了回报""真是太不容易了""这次你处理得非常好"，然后再用一句"辛苦了"来慰劳对方。员工愿意敞开心扉，向上司吐露心中的不满，这也说明上下级之间保持着良好的关系。

然而有的时候，下属好不容易卸下防备袒露心声，来向上司吐吐苦水，而上司却说"比这更难的工作我都做过""其他人的工作比你的还要难做"，拿对方跟自己或是其他人作对比。听到这样的话，下属恐怕会心想"这个人每次都要拿自己的血泪史出来说事，根本不会体谅别人的心情"。

面对同样的工作，不同的人会有不一样的感受。当下属抱怨工作太难时，我们应该先尝试着去理解对方的心情。如果下属在抱怨正在做的工作太难，我们可以说："我做过和这类似的工作，必要的时候可以跟你分享一些经验。"

告诉自己的下属"如果有我力所能及的地方，我会随时提供必要的帮助"，这样一来，对方也一定能够安心地投入工作之中。

第 44 条

当新员工总是在谈目标和理想时

✗ 不合适 的说法

你还早得很呢，十年后再来说这种话吧。

⬇

✓ 合适 的说法

有远大的目标是好事，希望你的目标能够实现。

> 不要否定别人的目标和理想。
> 想办法让这些转化为工作的动力。

现如今，有的人从学生时代就开始创业，很多年轻人在进入公司工作的同时，也会胸怀野心，想要有朝一日实现自己的梦想。

如果下属总是在谈目标和理想，如"我将来一定要自己创业"或者"我的目标是赚到10倍的年薪"，作为上司的我们应该如何回答才好呢？此时，切忌直接出言否定对方。

"十年后再来说这种话吧""你还早得很呢""不要眼高手低""你还差得远"——这种居高临下的态度完全是在打击别人的积极性。有些人总是爱否定别人的目标和理想，给别人泼冷水，而他们这样做的根本原因是对自己缺乏信心，想要彰显自己的权力和地位。这种"不愿意服输"的心理促使他们想方设法地去贬低别人。

反之，善于培养员工的上司则会用积极的语言去回应。即使对方是刚进公司的新员工，工作才刚刚步入正轨，他们也会鼓励对方说"有远大的目标是好事""希望你的目标能够实现""我会为你加油的"。对自己充满信心的人，往往也会鼓励他人去追逐梦想，使他人也能够获得自信。建立起这样的上下级关系后，下属将来也一定会在工作中大显身手，成为我们的左膀右臂。

第 45 条

当你觉得自己和下属之间存在代沟时

❌ **不合适** 的说法

> 现在的年轻人说的话我都听不懂了。

⬇

✓ **合适** 的说法

> 你刚才讲的那个很有意思,能再跟我详细说一说吗?

"年龄偏见"也会被视为一种歧视,要尊重每一个年龄段的人。

无论是在哪个时代，不同年龄段的人都会在思维方式、价值观、爱好和流行趋势等方面产生代沟。

恐怕自从人类文明诞生之际起，"现在的年轻人……"就已经成了一种常见的句式。而且，使用这种句式的人通常都是在表达负面的含义，目的是对年轻的一代进行指责和批判。年长者想要跟年轻人讲一讲以前的事，这自然无可厚非，但如果在话语中流露出瞧不起年轻人的意思，那么必然会招致对方的反感。以年龄为理由来否定对方的能力和个性，这样的做法未免太过武断。作为上司，我们应该主动地去打破与年轻下属之间的隔阂。

如果你发现自己跟不上下属的话题，可以积极地提问，如"刚才那件事能再跟我详细说一说吗""现在哪个歌手比较受欢迎""你周围的人现在对什么比较感兴趣"。

如果我们把代沟视作问题，那么对方也会因年龄而对我们产生偏见。有的人总是把"90后和00后完全不行"挂在嘴边，而这样做的话，对方很可能也会心想"70后和80后真是老古董"。

"现在的年轻人真是自由啊""以前……都是理所应当的"之类的话最好少说为妙。"你们这种年轻人肯定不懂""独生子女就是娇气"之类的偏见也可能会被看作是年龄歧视，需要多加注意。

职场建议 ②

如何与网络时代的年轻人交流

最近，有许多上司表示自己不知道该如何与新员工交流。而另一方面，年轻人也面临着同样的问题。为了帮助新员工熟悉职场环境和工作内容，使其能够尽快做到独当一面，我们必须先了解这个年龄段的人都有哪些特点，然后根据其特点来做出相应的指导和指示。其中，了解这个年龄段的人都有哪些短板，这一点更是至关重要。在本专栏中，我将为大家列举3点。

首先，这个年龄段的人往往不擅长"思考和提问"。对他们来说，任何事情只要上网一搜，就能够立刻得到答案。因此，为了快点知道答案，他们往往会跳过思考的过程。而另一方面，这也导致他们不擅长向别人提问。

有人曾经跟我讲过这样一件事。他在公司看到有个新员工一直站在机器前面不动，就上前询问了一下，结果对方回答他说"因为不知道这个机器该怎么用，所以正在上网查"，他感到十分震惊。我在做心理咨询时，也经常会碰到"不知道该如何向别人提问"的人。

当我们在指导新员工时，应该抓住重点，给对方一些关键的提示，同时关注其工作的进展，这样才能让员工养成独立思考的习惯。正确的工作模式应该是"遇到问题先自己思考，想不明白再去询问其他人"。

其次，网络时代的年轻人还很不擅长面对"预料之外的事"。当他们想要开始做某件事或是去某个地方时，一定会先查询相关的信息，然后再开始行动。因此，当预料之外的事情发生时，他们就会感到手足无措，不知该如何是好。因此，当我们想把一些比较特殊的工作交给他们时，最好先把具体的流程和时间安排传达清楚，然后让他们"一边行动一边思考"，学会随机应变。

最后，"电话"也是他们的一大短板。现在的年轻人从学生时代起就开始用短信和聊天工具交流，因此，并没有多少打电话的经验。在使用文字交流时，我们会有足够的时间来组织语言，而打电话却必须立刻做出反应。因此，很多年轻人会对打电话有很强的抵触心理。为了解决这个问题，我们可以为他们提供一些练习的机会，比如先试着使用电话和公司内部的人员沟通。

05

与同事交谈

在与同事和工作伙伴的关系中，我们最需要重视的两点就是"和谐"和"协调"。现如今，社会的风向是"尊重多样性"，但是在日本的公司，人们还是更倾向于与其他人保持步调一致。我在很多企业担任心理咨询工作时都深切地感受到了这一点。

职场中人际关系的特点，就是大家会对彼此之间的差异十分敏感，如工作经验的多少、年龄的大小、进公司顺序的先后、结婚与否等。因此，即使是在日常的闲聊中，我们也要注意与周围的人保持协调一致。

如果有人扰乱了职场中和谐的氛围，那么就可能会被其他人排挤或是疏远。为了防止这样的情况出现，大家一定要记住三个原则：不要总是彰显自己的独特；不要用高高在上的态度去压制对方；不要忽视对方。多为彼此考虑一下，及时做好沟通，这样才能构建理想的职场环境。

在我们的人生中，有很多时间都是与同事一起度过的。这些同事也许会与我们切磋琢磨，成为一生的伙伴。

给！我帮你复印了一份资料！
谢谢！
哈哈……
下次记得请我吃饭哦！
几天后
下次商务谈判的资料，我已经整理好了。
哇！谢谢！
那下次我请……
不用啦！
你要是忙不过来的话，跟我说一下就好，我会尽量帮忙的。
啊！这真是太好了！
我也会帮你的！

第 46 条

当你帮了别人的忙时

✗ 不合适 的说法

我帮你复印了一份资料，下次记得请我吃饭哦。

⬇

✓ 合适 的说法

我把你的资料也复印好了，你要是忙不过来的话可以叫我来帮忙。

"卖人情"只会使好意招来反感，换一种表达方式，别让对方过意不去。

想必大家在工作时，都有过帮同事收拾会议室、大扫除或是复印资料的经历。虽然本是好心帮忙，但如果加上了不经意的一句话，就很可能会使对方心生不快。

例如，当一个人对你说"我帮你复印了一份资料，下次记得请我吃饭哦"的时候，你会怎么想呢？他先是用"我帮你"来强调自己的施恩之举，然后又要求你请客吃饭，还他的人情。听到这样的话，你会不会觉得他的好意完全是多此一举？这种卖人情的做法甚至可能会招来别人的怨怼，因为在对方看来，自己压根就没有请求过帮助，却莫名其妙地欠了一份人情。

如果你是出于好意主动帮了别人的忙，那么也没必要特意去跟对方说。就算是需要告知对方一下，也要显得若无其事一些，别让对方过意不去，比如"我把你的资料也复印好了，你要是忙不过来的话可以叫我来帮忙"。平时爱多管闲事，或者觉得自己比别人能干的人更是要多注意这方面的问题。因为这两种人往往有过分渴望他人认同的倾向，总是希望别人能够认可自己的价值。

当你看到同事很忙的时候，可以上前说"你要是忙不过来的话可以跟我说""我现在手头没有事情，有什么我能帮上忙的吗"，这样对方也一定会很开心，对你表示感谢，你们之间的信赖关系也会进一步加深。

第 47 条

当同事换了新发型时

❌ **不合适** 的说法

> 你换发型了？之前那个更好看。

⬇

✓ **合适** 的说法

> 你换新发型啦。

评价别人的外貌是职场禁忌。
只要让对方知道你注意到了他的变化即可。

大家在评价异性同事的外表时，一定要多加注意。特别是"瘦了""胖了"之类的话题很容易被视为骚扰，最好还是避开为妙。

　　如果你想要称赞对方的穿着打扮，可以说"你今天也穿得很好看啊"，这样就相当于是在告诉对方"你平时也很好看"。反之，如果说"你今天怎么穿得这么好看"，对方就会理解为"你平时穿得都不好看"。甚至还有人因为这样的一句话而深受打击，不愿意再去公司。

　　看到这里，你也许会心想"以后对异性的外表还是绝口不提为妙"。然而，当同事彻底改换了发型或是穿衣风格时，如果我们装作没看见，什么都不说的话，也会显得太过于漠不关心，使人际关系受到影响，对方可能会因为没有人注意到自己的变化而感到十分失落。

　　在这种情况下，我们可以对对方说"你换新发型啦"，让对方知道我们注意到了他的变化。如果这个新发型看起来很不错的话，我们还可以再称赞一句"这个发型很适合你"。

　　此时需要注意的是，不要拿对方的新发型去和以前的发型作比较，说"之前的发型更好看"，也不要用个人的喜好去评价，说"我不太喜欢这种发型"。趁机打探别人的私生活，问对方"你是不是交男朋友啦""你是不是分手啦"更是禁忌中的禁忌。这样的话很可能会被视为性骚扰，就算是在酒席上喝醉了也一定不能说。

第 48 条

当你在会议或是饭局上见到了意想不到的人

> ✗ **不合适** 的说法

诶？你也在啊？

⬇

> ✓ **合适** 的说法

你也来参加，真是太好了。

> 就算是不喜欢对方，也不要显露出来。
> 尽量不要把个人的情感带进职场的人际关系中。

有些人在工作的会议、活动或是饭局上碰到了意料之外的人时，立刻惊讶地说"诶？你也在啊"或是"你也是这个会议的成员啊"。言外之意是"你出现在这里真是令人意外""没想到开会竟然还会叫上你"，很容易使对方感到不快，甚至是给对方造成伤害。

如果对方是你不太喜欢的人，那么只要简单地互相打个招呼即可。保持公事公办的态度，就不会使关系出现摩擦。反之，如果对方的出席令你感到惊喜，那么你也可以把这种积极的情绪表达出来，如"你也来参加，真是太好了"。

无论是工作还是同事，都不能凭个人喜恶来挑选。话虽如此，每个人都有自己合得来与合不来的人，因此，我们应该学会去控制自己的情感。

我在企业中培训员工时，也会让大家不要把个人情感带到工作中来。比方说，如果有人在工作中总是给周围的人添麻烦，我们可以直接点明这一事实，告诉他"你迟到的次数太多了，这样下去会影响工作"。对方的性格是否招人喜欢，这并不是重点。把存在问题的事实指出来，再做出具体的要求，这样的沟通方式能够帮助我们更快地解决问题。

第 49 条

当你收到了同事从外地带回来的特产小吃时

✗ 不合适 的说法

> 味道还可以。

↓

✓ 合适 的说法

> 很好吃。

"还可以"就代表"不好也不坏"。
这样的说法不是很礼貌，请大家多加注意。

公司的同事去外地出差，有时会带回一些当地的特产小吃来跟大家分享。在工作的间隙吃一点美味的小零食，享受轻松一刻，这也是一件令人愉悦的事情。

然而，有的人吃完后，会用一句"味道还可以"来评价。"还可以"会给人一种"不好也不坏""勉勉强强"的感觉，这种模棱两可的评价难免会让送东西的人有些尴尬。

以前我带点心回家时，家里人吃完后也对我说"还可以"。我问他们"还可以究竟是好吃还是不好吃"，结果对方回答我说"就是不难吃"，这让我有些失落。别人特意为我们买了吃的，我们却用"还可以""还行"来评价，这实在不是很礼貌的做法。

如果吃完后觉得味道不错，那么我们可以称赞说"很好吃""我很喜欢这个味道"。如果觉得不合自己的口味，那么我们也可以用一句"谢谢"来感谢对方的分享。

同理，当别人请我们出去玩，或者是送了我们礼物时，也一定不要用"还行""还可以"来表达自己的感想。从听者的角度来看，这就意味着"虽然不算差，但也并不令人满意"。这种模棱两可的答复还是少用为妙。

第 50 条

当你和同事讨论用来接待客户和吃午饭的餐厅时

✗ **不合适** 的说法

> 那家店的味道大不如前了。

↓

✓ **合适** 的说法

> 那家店感觉和以前不太一样了。

总是用贬义词做出负面的评价,
只会让对方感到不快。

在职场中，我们经常会和同事谈论起美食和餐厅的话题，比如"哪家餐厅适合用来接待客户"。此时，如果对方给出的全是差评，那么我们的心情可能也会受到一定的影响。例如，当有人说"那家米其林餐厅的法国菜味道大不如前了"的时候，听者也许会心想"你不就是在那跟客户吃了几次饭吗，搞得像自己很懂一样"。

如果换一种说法，比如"那家店我好长时间没去，上次去了一下，感觉和以前不太一样了"，结果又会如何呢？这样一来，对方可能就会接过话头，表示自己也听说过这件事，还会对你生出信赖感，认为你不是一个喜欢说三道四、到处散播谣言的人。

类似的还有"那家店我已经吃腻了""咱们这个年纪还去快餐店吃饭太丢人了""出差住那么便宜的酒店怎么能行"这种居高临下式的负面评价。说这种话的人往往是想通过贬低这些事物，来显示自己对高端的追求。本质上是内心缺乏自信，想要维护自己的地位。当然，这样的做法也只会给周围的人留下负面的印象。

"那家快餐很实惠，每次吃都觉得很好吃！"——像这样凡事都往好处想的人，才会让身边的人感到愉悦。如果实在很想把某个餐厅的缺点告诉对方，可以说"那家店的××要是能改善一下就更好了"，这样表达就不会有任何问题。

第 51 条

当你对上司感到不满时

✗ 不合适 的说法

×部长的脾气真差。

⬇

✓ 合适 的说法

我觉得×部长的性格跟我不是很合得来。

> 不要在背后说别人的坏话,表达自己的感受即可。
> 向朋友和家人倾诉一下,内心就会轻松许多。

如果你和职场中的人都相处得十分融洽，那的确是一件非常幸运的事。然而，绝大多数的人都会在职场中遇到一两个相处不来的人，因此偶尔可能也会想要跟别人吐槽一下。

如果你和某个部长发生了矛盾，然后跟同事抱怨说"×部长的脾气真差"，而对方听了也深有同感，那么你们也许会聊得很投机。但是这种抱怨的话说得越多，就越会使工作的积极性受到打击，还会影响工作效率。况且，这些抱怨的话指不定会传到谁的耳朵里，也可能会给自己招来祸事。

为了规避这种风险，还是不要在背后说别人的坏话为妙。

如果实在是很想跟别人吐吐苦水，那么可以把重点放在自己的经历和感受上，如"×部长说的话让我有点难受"或者"我觉得×部长的性格和我不是很合得来"。这样的话，对方也更容易理解你的心情。

需要注意的是，有些人很不爱听别人在自己面前说第三者的坏话。甚至有的人曾经因为同事总是在自己面前说上司的坏话而感到郁闷，来找我做心理咨询。

要是大家在工作中遇到了不喜欢的人，也可以选择跟工作以外的人倾诉。向家人和朋友吐吐苦水，内心一定会轻松许多。在倾诉的过程中，我们也能变得更加冷静，有时甚至可能会发现原因出在自己的观念上。

第 52 条

当你看到同事带便当来上班时

✗ **不合适** 的说法

> 你竟然会自己做便当，真是人不可貌相啊！

⬇

✓ **合适** 的说法

> 自己做便当真健康，我也想跟你学习一下。

"人不可貌相"之类的话有可能会伤害到别人。平时一定要注意使用积极的语言。

当你发现了一个人意外的一面时，会不会忍不住感叹道"真是没想到""完全看不出来"？这些用来强调对方的内在与外表不符的话语往往带有一定的负面含义，平时还是少说为好。

比较常见的例子，就是当一些看上去不太居家的人做了便当带到公司时，其同事往往会惊讶地说"真是想不到你居然会做饭""你竟然会自己做便当，真是人不可貌相啊"。

当事人听到了这样的话，可能会感到有些失落，心想"原来我平时看起来连饭都不会做"。如果是想要称赞对方的话，直接说"你的厨艺看起来不错啊"或是"自己做便当真健康，我也想跟你学习一下"就可以了。

类似的表达方式还有"看不出来你都结婚了""没想到你还会穿这种风格的衣服""你竟然不会喝酒，真是人不可貌相啊"，这样的话语都会使对方感到心烦。每个人都会下意识地在脑海中为自己设定一个形象，希望自己能够给周围的人留下这样或是那样的印象。而当他们发现别人对自己的印象与自己的预期不符时，心中就可能会感到沮丧或是烦闷。

很多人都会被别人不经意的一句话伤到。因此，当你发现了别人新的一面，想要称赞一下对方时，一定要注意使用积极的语言来表达，如"你好厉害""你的这个爱好真不错"等。用自己的主观臆断去评价对方，很可能会招来意料之外的麻烦。

第 53 条

当同事说自己想减肥的时候

✗ **不合适** 的说法

你要是能瘦下来的话,应该还挺好看的。

↓

✓ **合适** 的说法

瘦一点的话一定会更好看!

不要否定对方现在的状态,用积极的话语去回应。
也不要刨根问底地询问对方外貌方面的问题。

我们在和同事聊天时，有可能会谈到减肥的话题。当对方提出"我想减肥"的时候，有的人会附和对方说"你要是能瘦下来的话，应该还挺好看的"，然而这样的说法其实并不合适。因为这就相当于在告诉对方"你现在还没瘦下来，所以不怎么好看"。

为了避免惹对方不快，我们应该对对方现在的状态表示肯定，如"瘦一点的话一定会更好看"或是"我也想减肥，咱们一起加油吧"。当然，最好的做法还是避开与外表相关的话题。

除此之外，我们还经常会在同性之间的对话中听到"你这件衣服看起来好贵啊，在哪里买的""你的这个发型真好看，可惜我学不来"之类的话。这种对别人的外貌刨根问底、跟自己对比的做法也很容易被视为嫉妒和讽刺。

直接问别人"花了多少钱"也有些不礼貌。如果觉得别人的衣服或是发型很好看，只要称赞一句"这件衣服（这个发型）很好看，非常适合你"就足够了。

听到我们的称赞后，如果对方主动说"衣服是在×××搞活动的时候买的""发型是在×××理发店做的，要不要介绍给你"，那当然再好不过。这样一来，相信你们一定会越聊越投机。

当我们和同事建立了良好的关系后，工作也一定会变得更加顺利。

第 54 条

当对方的穿着引起了你的注意时

✗ **不合适** 的说法

你喜欢这种风格的衣服啊!

↓

✓ **合适** 的说法

这种风格的衣服挺好看的。

"这种""那种"之类的词很容易招来误解。用"好"与"坏"来评价别人的东西也会给人留下高高在上的印象。

有些人在注意到别人的穿着后，会说"你喜欢这种风格的衣服啊"。但是对方听了以后很可能会在心里揣摩你的用意，搞不清你所说的"这种"究竟是什么意思。

我有一个朋友曾经在上班时穿过一条比较日常的宽松连衣裙，结果她的同事看到后说"原来你喜欢这样的衣服啊"，让她觉得有些尴尬。事后她一直在想，自己的穿着是不是太土了，同事是不是觉得自己胖了，穿这种款式的衣服来上班是不是不太合适，等等。

当你觉得同事的衣服很时髦或很有品位时，可以直接告诉对方"很好看""我也很喜欢"，向对方表达自己的赞赏。如果你不喜欢同事的穿衣风格，那也没必要特意去告诉对方。

这一点不仅适用于穿着，还适用于兴趣爱好等话题。"这种""这样的"等指示代词很容易引起对方的误解，被当成是一种嘲讽。

除此之外，大家还需要注意，不要用"好"和"坏"来评价别人的服装与物品，如"你的这个包挺好的""你的这个手表还不错"等。这样的话语也会给别人留下高高在上的印象。特别是当一个人想要跟别人攀比或者向别人炫耀的时候，经常就会用这样的话做开场白，大家平时一定要多加注意。

坦诚地向别人表示你的赞赏，不要拐弯抹角，这样才能建立起一个良性循环。

第 55 条

当你看到单身的同事一门心思扑在工作上时

✗ **不合适** 的说法

> 你每天光顾着工作能行吗?可别到最后变成剩男(女)了。

⬇

✓ **合适** 的说法

> 你每天都这么努力工作,取得了这么好的成绩,真的很令人佩服。

酸溜溜的语气只会招来对方的反感,当别人取得了成果时,我们应该学会真诚地称赞。

有些人结了婚有了孩子后，会摆出一副"过来人"的架势去劝说那些单身的后辈。然而，类似于"你每天光顾着工作能行吗？可别到最后变成剩男（女）了"这样的说法其实很容易伤害到别人。

近年来，人们对职场骚扰有了一定的认识，很多人都开始注意自己的言行举止，但是这样的话题依然常常出现在职场之中。"过了30岁可就没人追了""女人得在最佳生育期内生孩子才行"——听到这样的话，无论是谁都会感到恼火，认为对方是多管闲事，把自己的价值观强加到别人的身上。

有些人看到别人的工作能力很强，还会说"这个世界上还有很多比工作更重要的事"。这种带着醋味的发言明显就是在嫉妒对方的能力，不愿意承认自己的失败。总是爱以"忠告"的形式来讽刺别人的人，很容易为自己招来反感。

反之，当一个人打心底里对同事或下属的工作态度感到敬佩，想要称赞对方，或者向对方学习时，就会使用更加谦虚的方式来表达。他们会说"你每天都这么努力工作，取得了这么好的成绩，真的很令人佩服"，向对方真诚地表达自己的感受。

对方听到这样的称赞后一定会很开心，也会更愿意和我们一起工作。"己所不欲，勿施于人"，大家在发言前，最好先想一想自己听到后会有怎样的感受。

第 56 条

当你想跟同事表达自己对婚姻的向往时

✘ **不合适** 的说法

> 我已经谈恋爱谈够了，想快点结婚。

↓

✓ **合适** 的说法

> 我想快点结婚。

"谈恋爱谈够了"很像是在炫耀自己有多么受欢迎，直接向同事表明自己的结婚意愿，会给对方留下更好的印象。

我曾经在许多企业担任过心理咨询师，发现职场中的女性经常会在闲聊中谈到恋爱与结婚的话题。

大家在谈论这种话题时要多加注意，不要让对方觉得你在炫耀自己有多么受欢迎。"我已经谈恋爱谈够了，想快点结婚""我这个人比较受已婚人士欢迎""有人向我求婚，被我给拒绝了""追我的人我总是看不上"等就属于这一类。她们说这种话的目的，是想要告诉别人"我虽然没有结婚，但是特别受欢迎"。

如果换一种说法，直接告诉对方"我想快点结婚"，那么对方也会更容易理解你的心情，想要为你加油。说完后再加上一句"你要是遇到不错的人，别忘了给我介绍一下"，那么对方可能也会积极地做出回应，跟你说"我回去问问我老公身边有没有靠谱的朋友"。

结婚与否是个人选择，旁人并没有插嘴的余地。但是我认识的很多人，都是在向周围的人宣布了"我想结婚"后，成功寻觅到了良缘。

无论是找对象结婚还是工作，积极努力的人都会得到周围人更多的帮助。把自己的想法坦诚地说出来，主动为寻觅良缘而努力，这样的人往往会更顺利地找到自己的另一半。

第 57 条

当你觉得同事的穿着打扮很有品位时

✗ 不合适 的说法

> 我平时要照顾孩子,根本没时间去打扮自己。

⬇

✓ 合适 的说法

> 你穿衣服总是这么有品位。

结没结婚,有没有孩子,这些都不是重点。

职场中会有各种各样的人。有些人忙于工作和育儿，很容易忽略自己，当她们看到同事打扮得光鲜亮丽时，可能就会忍不住脱口而出"我平时要照顾孩子，根本没时间去打扮自己"，把照顾孩子的辛劳当作借口。

然而在对方看来，这样的话语中仿佛带着一丝讥讽，像是在说"我们这种有孩子的人可不像你们这么清闲"。甚至有的人会认为这个人表面上在说自己辛苦，实际上是想要炫耀自己家庭的美满。

如果你的确想要多花一点时间去打扮自己，那么就没必要特意去提孩子的事情，只要用一句"你穿衣服总是这么有品位"来向对方表达自己的感想即可。

同时，也要注意别太过自卑，比如有些人会嘲讽自己说"我平时都穿得太邋遢了"。最好是拿出积极的态度，询问一下对方"等我有时间了，也想学一学穿衣打扮，你到时候能不能给我一点建议"。

在绝大多数情况下，与别人攀比只会让我们越发觉得自己不行，导致自信心下降。在攀比的过程中，无论是主动比较的一方，还是被比较的一方，都只会受到负面的影响。在聊天的过程中，不要特意去提自己结没结婚、有没有孩子。这种话题往往比较敏感，很容易给别人造成心理压力。

第 58 条

当你想要在同事面前夸赞自己的另一半时

✗ **不合适** 的说法

> 我老公会帮我做各种家务。

↓

✓ **合适** 的说法

> 我花了整整三年时间,才让老公学会帮我做家务。

> 当你想要在同事面前夸赞另一半时,最好把自己付出的辛劳也一并说出来。

很多人都会跟别人抱怨自己的另一半,然而也有人很爱在别人面前炫耀另一半,比如"我对象会帮我做各种家务""我老公经常给我做饭"等。对方也许并没有恶意,只是单纯想要夸赞一下自己的另一半。

当她们炫耀完后,周围的人可能也会出于礼貌附和一句"你老公对你真好,你真幸福"。而她们听到了这样的话,还会进一步劝说对方"你也让你老公帮你多做做家务""你也最好早点结婚",殊不知,有的人跟自己的另一半相处得并不融洽,还有的人很享受现在的单身生活。"我对象买了我喜欢的包包送我""今天是我老公开车送我上班的"——像这种"秀恩爱"的话语,在别人听起来可能就变成了刺耳的炫耀。

然而,如果我们能够告诉对方"这都是我辛苦得来的结果",那么也许就会给对方留下完全不同的印象。"我花了整整三年时间,才让老公学会帮我做家务""他以前根本就不会做饭,所以我专门去给他报了烹饪班学习""我和他平时都要上班,现在家里终于宽裕了一点,他也能买个包送我了"——当对方得知了你的不易后,一定也会更加由衷地为你高兴。

无论是谁,想要获得幸福,都需要付出一定的努力。在夸赞另一半的同时,把自己努力的过程也讲一讲,这样对方就不会认为你只是单纯地想要炫耀。

第 59 条

当你和同事聊起车和房的话题时

✗ 不合适 的说法

买辆车多好啊!

⬇

✓ 合适 的说法

我要是没有车的话,上班会很不方便。

> 我们看来理所当然的事,对别人来说未必如此。
> 不要把自己的观念强加给别人。

有些人理所当然地买了车和房，还会试图把同样的价值观硬塞给其他人。然而对那些对买车买房没兴趣的人来说，被别人这样劝说只会心生不快。

大家有没有听到过"买辆车多好啊""买房绝对比租房划算""你打算住出租房住到什么时候"之类的话语？

现如今，时代已经变了，人们不再把"有车有房"当作幸福生活的必要条件。我的一个朋友就是这样。前段时间，我们时隔好久见了一面，他就苦笑着跟我抱怨说公司的同事在催他买车，说什么"三十多岁的人了总该有一辆自己的车了"，让他感到非常厌烦。

"我要是没有车的话，上班会很不方便""我打算……，所以买了房子"——像这样跟对方表达自己的价值观，就完全没有任何问题。没必要非得说服对方，让对方也拥有同样的价值观。

再者，居住在小城市和大城市的人，对买车买房的看法也会有所不同。大城市的公交系统往往都比较完善，所以很多人觉得没必要买车。还有一些人更喜欢租房，哪怕是组建了家庭也没有买房的打算。人总会有不同的观念，如果大家都能够明白这一点，那么就不会有人总劝说别人买这买那了。

第 60 条

当你对对方说的内容不感兴趣时

❌ **不合适** 的说法

> 你还没讲完吗?

⬇

✓ **合适** 的说法

> 也就是说，……，对吧?
> 我可以说几句吗?

不要直接打断对方。
先总结一下对方说的话，然后再换话题会更容易一些。

一说起话来就滔滔不绝的人，通常都有两大特点：一个是表现欲很强，喜欢出风头；另一个则是很爱依赖别人，想要吸引别人的注意力。在公司里，我们一旦被这样的同事抓住聊天，就会很难脱身。有的人听到最后忍无可忍，就会质问对方："你还没讲完吗？"还有的人会更直接一些，抛下一句"我还有事先走了"，就起身走人。

如果是很多人聚在一起聊天，那么中途离场也不会很引人注意，但如果是两个人单独谈话，就会很难开口打断对方。

被逼无奈坐在那里一直听别人讲自己不感兴趣的内容，这种痛苦我十分理解。但如果我们用比较伤人的方式打断对方，那么两个人之间的关系很可能就会出现裂痕。我们对对方其实也并没有恶意，所以最好还是用更加稳妥的方式从对话中脱身，这样就不会留下什么后患。

在这种情况下，我们可以先把对方说的内容总结一下，然后再改变话题。"总结"是心理咨询中常用的倾听技巧之一。当我们总结了对方说过的内容后，对方就会知道我们理解了他想表达的意思。这样一来，再想换话题就会变得容易许多。

在开会时，如果有人发言总是会滔滔不绝，可以设置一个"单人发言时长上限"，规定每个人的发言最多可以持续几分钟，一旦超出了规定的时长就加以提醒，这样就能够提升会议的效率。现在手机上有很多计时器应用，到了规定时间就会响铃，用起来也非常方便。

第 61 条

当你的同事总是不慌不忙,按照自己的步调做事时

❌ **不合适** 的说法

> 你真是个慢性子。

⬇

✔ **合适** 的说法

> 你做事情总是这么从容不迫,我也要向你学习。

"慢性子"听上去像是一种讽刺,换成"从容不迫"就不会招致误解。

人的性格与价值观各有不同，工作方式、聊天方式、思维方式也都是各式各样。当我们用积极的眼光去看待别人时，就会说出积极的话语。反之，当我们用消极的眼光去看待别人时，说出来的话也会带有负面的含义。

例如，当你的一个同事在工作中总是不慌不忙，不在乎周围人的想法，按照自己的步调来做事时，你的心里会怎么想？如果我们喜欢他的这种性格，那么就会对他说："你做事情总是这么从容不迫，我也要向你学习。"

反之，如果我们不喜欢这种性格的人，可能就会说出"你真是个慢性子"这样的话。"慢性子"本身并不是贬义词，用来形容自己的朋友也并没有什么问题，但是用在职场中就带有一丝嘲讽的意味了。对方可能会以为这是在讽刺自己的工作效率太低，做事分不清轻重缓急。

如果你在职场中碰到了这样的人，导致工作受到了影响，可以把具体的问题告诉对方，让对方加以改善。越是这种性格的人，越是有可能根本就察觉不到自己哪里做错了。在这种情况下，最好是能够直接给对方一些建议，告诉对方"这种情况下应该这么做"。如果你想要称赞对方的话，那么最好把"慢性子"换成"从容不迫"，这样的话就不会招致误解。

第 62 条

当同事过度在意一些细节时

❌ **不合适** 的说法

你不要总是去在意那些鸡毛蒜皮的小事啦。

⬇

✓ **合适** 的说法

原来你会注意到这些方面，你真的很细心。

不要用自己的价值观去给别人提建议。
先接受对方的想法，然后再表达自己的关切。

自 2020 年起，人类就开始与新冠病毒抗争。然而，同样是处于这种看不见的威胁之下，不同的人也会展现出不同的态度，有些人对病毒十分恐惧，甚至变得有些神经质，而有些人则并不是很在意。

我们在平时的生活中也经常会看到类似的现象。即使是在做同样的工作，有的人会感到极大的心理压力，有些人却能够享受工作的过程。我们在和别人聊天时，也要尊重双方在想法和价值观上的差异。即使让对方烦恼的事情在我们看来只是小事一桩，我们也不应该直接跟对方说"不要去在意那些鸡毛蒜皮的小事"，否则很可能会给对方造成伤害。

当我们想要理解时，应该先学会"接受"对方的想法。例如，当同事过度在意一些细节时，我们可以先说"原来你会注意到这些方面"，表示自己了解了对方的想法，然后再说"你真的很细心"或者"有没有我能够帮得上忙的地方"，向对方表达自己的关切之意。

如果对方的心理状态很不稳定，对工作造成了明显的影响，那么我们也应该尽早劝说对方去相关的医疗机构就诊。需要注意的是，大家在劝说对方就医前，一定要先判断好对方"是否能够保质保量地完成工作"。否则，没有任何依据就催促对方去看病，很可能会对对方的名誉造成侵害。

06

远程办公、收发消息

现如今，越来越多的人开始在网络上远程办公，因此，人们也遇到了一些新的沟通问题，甚至出现了新型的职场骚扰。

有些人会在开视频会议时对对方说"原来你的房间长这样啊""原来你在家里穿成这样呀"，或者是询问对方"你是不是和男朋友一起住"。这种像性骚扰一样的发言有可能会使对方受到惊吓或是伤害。为了避免这种情况的发生，我们最好不要去谈及对方的隐私，除非对方愿意主动挑起话题。

另外，随着越来越多的企业开始使用即时通信类软件进行沟通，很多人也有了新的烦恼，如"一天24小时都会接到消息""想说的内容总是传达不清楚""收到了许多无理的要求"等。甚至有些公司还会要求员工随时随地在线，使员工觉得自己总是处于公司的监视之下。远程办公会使公私的分界线变得模糊不清，因此我们更需要时刻注意尊重对方的隐私。

关于这份资料……
咣当！
啊！
哎呀！
咦？你说话的声音太小了，我听不见。
嗯？旁边有别人在吗？
不好意思……刚才是我姐姐的孩子在……
别乱跑！
要是家人那边有事需要处理的话，可以随时跟我们说。
真是太感谢了！
呜呜呜（感动）
探头
好像听到了一个很帅气的声音！
咦？
说的是我吗？
是我吧？

第 63 条

当你听不清对方说话时

✗ **不合适** 的说法

> 你说话的声音太小了。

⬇

✓ **合适** 的说法

> 麦克风的音量好像有点小。

注意说话的语气，不要显得像是在责备对方。告诉对方具体哪里出现了问题即可。

在网络会议中，我们经常会遇到音频和网络环境方面的问题，如声音卡顿、音量过小、有杂音、信号差等。遇到这种情况，有的人会大声对对方说"你说话的声音太小了""你那边有杂音，什么都听不清"或是"你的视频画面卡住了，我们根本看不到"，然而这样的说法会显得对对方有些不够尊重。大家如果遇到了类似的问题，一定要注意说话的语气，不要显得像是在责备对方，告诉对方具体哪里出现了问题即可。

　　如果你听不见对方的声音，可以跟对方说"麦克风的音量好像有点小"；如果有杂音的话，可以问问对方"声音里混有杂音，是不是话筒出了什么问题"；视频画面卡住的时候，也可以直接告诉对方"视频的画面现在卡住不动了"。这样向对方说明情况后，对方自然就会采取相应的措施。

　　除了音频和网络信号的问题以外，有时我们还会遇到对方共享的画面看不清楚，或者是搞不明白聊天工具的使用方法等问题。会议中的发言者往往都比较紧张，因此，我们更需要格外注意说话的语气。此时，不要用责备的语气跟对方说"资料上的字我们看不清楚"，而是最好换一种说法，如"资料上的字有点小，可以请你放大一下吗"。如果对方看上去有些手忙脚乱，不知道该如何操作，我们也可以主动询问一下对方是否需要帮助。

　　对操作不太熟悉的人往往更容易紧张，还有的人会在慌乱中不小心点到"结束会议"或是"退出会议"。因此，大家在参加网络会议时一定要多注意自己的语气，不要去刺激对方紧张的神经。

第 64 条

当你在开会中听到对面有其他人的声音时

✗ **不合适** 的说法

> 你家里有其他人在吗？

↓

✓ **合适** 的说法

> 要是家人那边有事需要处理的话，可以随时跟我们说。

每个人家里的工作环境都不一样，换一种说法，不要让对方产生顾虑。

家里有孩子的人在远程办公时往往会遇到更多的问题。有的人在开会时，还会因为在意孩子的状况而无法做到注意力集中。面对这样的同事，我们应该多一些关心和体谅，如果一不小心说错了话，反而可能会让对方产生顾虑。

例如，当我们直接询问对方"你家里有别人在吗"或者"孩子是不是回来了"的时候，对方很可能会感到有些惶恐，以为我们是怕孩子打扰到工作。

如果我们换一种说法，告诉对方"要是家人那边有事需要处理的话，可以随时跟我们说"，那么对方应该会感到安心一些，遇到棘手的问题时也会第一时间和我们沟通。

当我们看到对方的孩子出现在了视频画面中，或是听到孩子正在呼唤父母时，也应该多为对方着想，比如建议对方带着孩子一起开会，或是让对方先去跟孩子说说话。如果可以的话，直接暂停会议让大家去休息几分钟也是不错的解决方法。

家里的办公环境不可能与公司完全相同。每个人的家庭情况和工作环境都不一样，所以相互之间的体谅和理解就变得格外重要。当然，无论在哪里工作，都必须完成工作任务。如果对方的工作环境出了很大的问题，使会议无法继续下去，那么我们也要做到随机应变，可以把会议调整到其他时间进行。

第 65 条

当你有急事，而对方却迟迟不接电话时

✗ **不合适** 的说法

> 你刚才在干什么？为什么不接电话？

↓

✓ **合适** 的说法

> 公司这边有时会有急事，所以必须保证在十分钟内回电话，可以吗？

询问对方在做什么，可能会侵犯到对方的隐私。最好事先商量好紧急情况下的联络方式。

有不少在家远程办公的人会来向我倾诉说："公司的人总是会怀疑我在家里没有认真工作。"我自己也曾经被别人质问道："你刚才在干什么？为什么不接电话？"这给我留下了十分不愉快的回忆。毕竟大家在家工作的时候也需要吃饭和上厕所，不可能从早上九点到下午五点一直坐在办公桌前。

当一个人明明只是偶尔离开一下办公桌，却被公司的人怀疑偷懒时，他就可能会感受到极大的心理压力。因此，我建议大家最好事先和同事商量好紧急情况下联络不上对方时应该如何处理。

例如，我们可以事先和对方约定好"公司这边有时会有急事，所以必须保证在十分钟内回电话，可以吗"，或者是提前告诉同事"我傍晚需要去接孩子，有可能一时半会联系不上，上午完全没问题"。良好沟通的前提，就是把目光投向未来，积极地去解决问题，而不是一味地惦记着过去。

另外，当对方没有及时接电话时，大家也一定不要刨根问底地询问对方在做什么，因为这样的做法很可能会侵犯到对方的隐私。很多人都会有自己的难处，比如有些人家里的信号不好，有些人家里孩子很吵导致无法工作。当公司里的同事家里有小孩和老人需要照顾时，我们也可以主动跟对方说："如果因为家里的原因无法及时回电话的话，可以事先跟我说一声，没有关系。"一味地怀疑只会使人与人之间的信赖关系荡然无存。

第 66 条

当你手头正在忙别的工作,却突然接到了同事的联络时

✗ 不合适 的说法

> 我现在手头有其他的工作,稍微有点忙。

⬇

✓ 合适 的说法

> 我现在抽不出时间,××点以后我再联系您。

在回复对方时注意保持诚恳的态度,不要让对方觉得自己的优先级很低。

在家里工作时，我们往往可以自己安排工作的先后顺序。然而有些人却误以为"在家工作"就意味着"可以随时处理一切工作上的问题"。

当你正在忙着处理手头上的工作，却收到了同事发来的邮件或是消息，说有紧急的工作想要拜托你时，你会怎么回复他呢？

如果直接回复说"我现在手头有其他的工作，稍微有点忙"的话，对方可能就会心生不满，认为自己的事情对你来说优先级很低。甚至有的人可能还会继续逼问你："到底什么时候能忙完？"

在这种情况下，为了更加稳妥地解决问题，我们可以试着请对方稍后再联系，如"我现在抽不出时间，可不可以等到××点以后"。如果对方是客户、上司或前辈的话，我们也可以主动提出"等到××点以后我再联系您"，提前跟对方约定好时间。定时间时最好留出一定的余地，以免出现未能及时联络的情况。

另外，"稍微有点"的说法也很容易令对方感到恼火。对方也许会心想，"'稍微有点忙'到底是忙到什么程度"或者"如果只是'稍微有点忙'的话，那为什么不先处理我这边的急事"。对方手头的工作也同样很紧急，心情难免会有些焦躁，考虑到这一点，大家在回复时一定要注意保持诚恳的态度。

第 **67** 条

当你无法立刻回复对方时

✗ 不合适 的说法

> 关于×××的问题,之后我会再联系您。

↓

✓ 合适 的说法

> 关于×××的问题,明天上午十点前我会给您答复。

不要使用"之后"这种含混不清的词,为了避免产生误会,最好把具体的时间说清楚。

"含混不清的说法"经常会成为矛盾的导火索，这一点不仅限于远程办公，在双方面对面交谈时也同样如此。例如，平时我们经常会说"之后""过一会儿""今天内"，然而如果是在工作场合中这么说的话，很容易让对方一头雾水，搞不清楚具体是什么时候。在有了邮件和聊天工具这种能够24小时使用的联络方式后更是如此。

当我们说"今天内联系您"的时候，可能指的是"晚上十二点前"，而对方却可能以为是"今天傍晚左右"。结果左等右等也等不到消息，对方可能就会感到有些恼火，过来质问我们"为什么还没有回复"，使双方的关系变得紧张起来。

如果大家都坐在同一个办公室里工作的话，那么也许还可以观察一下对方的情况，随时询问一下。但是在远程办公的时候，由于大家完全看不到彼此在做什么，所以也更容易发生误会。因此，在这种情况下，大家一定要把具体的时间说清楚，如"关于×××的问题，明天上午十点前我会给您答复"。

"之后"究竟截止到哪一天的几点前？"今天内"到底是"下午五点下班前"还是"晚上十二点前"？大家在表达时间时，一定要把截止时间跟对方传达清楚。养成这样的沟通习惯后，对方也会更加安心，我们在安排日程时也会更加方便。

请大家一定要记住，"含混不清的说法"是矛盾的导火索，在沟通时一定要把"具体的时间"跟对方说清楚。

第 68 条

当你想要拜托远程办公的人完成一项紧急的工作时

✗ **不合适** 的说法

这个工作交给你行不行?

↓

✓ **合适** 的说法

这个工作我想拜托你,如果你觉得困难的话可以跟我说。

在下指示的时候,注意不要给对方造成心理压力。用"请求"来代替"命令"。

一般来说，通过电话和文字消息来拜托别人完成一项紧急的工作，要比直接面对面拜托对方更难一些。大家可以想象一下，当你突然收到邮件或是消息，上面写着"这个工作交给你行不行"的时候，你会怎么想？再想象一下，当对方站在你面前，跟你说"这个工作我想拜托你"的时候，你又会怎么想？在这两种不同的场景下，我们的感受一定会有很大的区别。

当我们在跟对方面对面交谈时，除了语言以外，还会使用表情、肢体动作和态度等"非言语交际"来表达自己的感受。在这些因素的影响下，对方也会更容易接受我们的话语。反之，如果用邮件或是消息来表达的话，语言就很容易失去温度，变得强硬起来。

在我们接到工作任务后，必然会需要向自己的下属下达指示。但是在这种情况下，不同的态度往往会使对方的感受产生巨大的差别。比起不由分说的"命令"，大家都更希望对方能够尊重自己的意愿，用更温和的方式来提出"请求"，如"这个工作我想拜托你，如果你觉得困难的话可以跟我说"。加上了后半句，就相当于给对方留了余地，让对方可以考虑一下。

"行不行"这样的问法只能用"是"或"否"来回答，属于"封闭式问题"，是我们在沟通与交流中最应该避免使用的一种表达形式。这样的问法很像是在逼问对方，特别是在发邮件或消息的时候一定要避开，否则很容易引发矛盾。

第 **69** 条

当你希望对方快点完成工作时

✗ 不合适 的说法

> 你赶快做完。

⬇

✓ 合适 的说法

> ××××的时候要用这份资料,所以必须在那之前完成。

一个劲地催促反而可能会影响到对方的工作,最好是把截止时间明确地告诉对方。

我之前在一家公司为员工做心理咨询时，曾经听到过这样的倾诉——"同事觉得我工作进度太慢，一直给我发消息催我快点，使我整个人都陷入了焦虑之中"。

由于对方一开始就说这个工作比较急，所以她也感到很有压力。结果接下来她就收到了对方一连串的消息轰炸，一会儿问她"怎么样了"，一会儿催她"赶快"，这些消息更是让她的焦虑火上浇油，效率变得更低，本来能很快完成的工作也变得更费劲了。

想来，催促她的人应该也是有自己的难处。但是在这种情况下，应该先把截止时间明确地告诉对方，如"下午五点开会的时候要用这份资料，所以必须在那之前完成"。另外，"怎么样了"这样的问法也显得像是不信任对方，还是换成"可以把进度告诉我一下吗"，用请求的方式去询问对方比较好。

当我们拜托别人完成一项紧急的工作时，如果不事先把截止时间说清楚，就很容易出现这样的问题。我们以为只要告诉对方说"这个工作很急"，对方就会把这个工作放在最优先的位置上，然而对方却打算先做完当前手头上的事，然后再去处理这项工作。

每个人对工作优先级的看法都会有所不同，所以大家一定不要忘记跟对方确认截止的时间。

第 70 条

当你在回复别人的消息时

✗ 不合适 的说法

> 好,知道啦。

↓

✓ 合适 的说法

> 我明白您的意思了。

过分亲昵的语气反而会招来对方的反感,工作上的交流最好还是用严肃的态度来对待。

当越来越多的企业开始使用聊天工具作为联络手段时，很多人都反映说自己"受不了发消息语气太过亲昵的人"。这种类型的例子有很多，其中最常见的就是用波浪线延长句尾，如"好~知道啦~"或者"嗯嗯~"。

发这种消息的人也许是想要让自己的语气更柔和一些。但是有的人却认为工作场合应该用严肃的态度来对待，因此，当他们收到这样的消息时，会有一种自己被对方轻视了的感觉。我还听说过有的人收到这样的消息后，决定用格外正式的措辞来回复，结果对方回消息的语气依然很不正经，使他更加恼火。

另外，还有的人曾经用表情包来回复自己的上司或前辈，结果遭到了对方的训斥。虽然有的人可能并不在意这些，但我认为工作上的交流还是用严肃的态度来对待比较好。如果我们能够用平等的态度去对待所有人，那么一定会更容易赢得他人的信赖。

在远程办公中，公私的分界线很容易变得模糊不清。因此，我们更是需要把对待工作的态度和平时的态度分清楚，这样才不会不小心触碰别人的底线。

还有一点需要注意的是，当我们在回复同事或是下属的消息时，可以直接说"知道了"，然而如果是回复上司或是客户的话，最好还是改成"我明白您的意思了"比较好，这样就不会给对方留下不礼貌的印象。

第 71 条

当你想要确认对方在家的工作进度时

✗ 不合适 的说法

你今天都做了哪些工作?

↓

✓ 合适 的说法

请每天上班后和下班前分别汇报一下当天的计划和计划的完成情况。

> 养成"报告、联络、商量"的沟通习惯,
> 对于建立信赖关系非常重要。

当一个人怀疑别人在家里没有认真工作时，说话就很容易变成"质问"的语气，比如前文中提到的"你刚才在干什么？为什么不接电话"。当我们想要确认对方的工作进度时，如果一上来就问"你今天都做了哪些工作"，很可能会令对方感到有些不快。

事实上，这种"偶尔想到了才问一下"的行为本身，就是平日里没有建立好沟通机制的证明。养成"报告、联络、商量"的沟通习惯，对公司的业务管理来说是必不可少的。

例如，如果我们事先规定好，让员工在每天上班后和下班前分别汇报一下当天的计划和计划的完成情况，那么就不必再在工作的过程中反复询问，可以省掉不少的麻烦。

完成同样的工作，有的人可能需要 30 分钟，有的人可能需要一个小时，因此，让员工不定期且事无巨细地进行汇报，其实并没有多大的意义。如果固定以一个工作日为单位来汇报工作进度，那么彼此也都能够节省一些时间和精力。

有些公司即使是在远程办公模式下，业务的开展也依旧井然有序，而有些公司在远程办公中却会频频遇到问题。这两种公司的区别，其实就是员工之间是否建立起了牢固的信赖关系，能否做到相互认同、相互信任、相互依靠。

当公司内的员工之间建立起了牢固的信赖关系后，大家就会负起责任，自主地推进工作，不需要再去做多余的沟通。反之，当一家公司在远程办公中问题不断时，或许就应该先思考一下是不是在员工之间的信赖关系上出现了问题。

第 72 条

当别人给你发邮件道谢时

✗ **不合适** 的说法

> 那就好。

↓

✓ **合适** 的说法

> 能帮上忙我很高兴。

"好"和"坏"属于评价式词语，在面对上级或长辈时最好不要使用。

当我们在使用网络与别人交流时,有时会不小心用到一些不合适的词,虽然我们的本意是好的,但却可能会踩到对方的雷点。比如我在前文中也提到过,"好"虽然是一个褒义词,但听上去像是在评价别人,可能会给对方留下高高在上的印象。

在上司对下属、前辈对后辈、老师对学生说话的情况下,使用"那就好"这样的表达方式并不会有什么问题。但如果反过来,对自己的长辈、上级或是客户这么说的话,对方就可能会觉得自己被别人看扁了,感到有些不快。

我们在和同事交谈时也同样需要注意这一点。原本大家在公司里的级别是相同的,而如果我们对对方使用了这种评价式的词,对方就可能会觉得自己的地位遭到了压制。

因此,当我们收到别人的道谢,想要用积极的话语来回应时,最好还是说"能帮上忙我很高兴"。这样的回复方式要比"那就好"更礼貌一些,如果能够养成习惯的话,一定会使人际关系变得更加和谐。

除此之外,有些人还喜欢在邮件的结尾写上"值此季节交替之际,请您多注意身体"。虽然他们也是出于好意,但这样的说法反而会加重对方的担忧与不安。如果换成比较积极的说法,如"值此季节交替之际,希望您身体健康",就会给对方留下更好的印象。

第 73 条

当你说话经常会中英混杂时

✗ 不合适 的说法

> 这次的fix有点慢,让您等了这么久的response,真的非常抱歉。

↓

✓ 合适 的说法

> 这次做决定有点慢,让您等了这么久的答复,真的非常抱歉。

在说话时夹杂过多的英语单词也可能会给对方造成压力,请大家学会用中文来准确地表达。

有些人认为在工作中使用英语可以让自己显得更加干练，然而这是一个巨大的误解。

如果是"meeting""boss"这种大家都懂的单词，那问题还不是很大，但如果是在文字中夹杂着一些专业用语或是流行词，那么就会有许多人无法立刻读懂，给人留下不通人情的印象。大家在使用英语单词时也应该多留意一下，想一想自己写的内容是不是只有一部分同行能够理解，普通人是否能够读懂意思，自己有没有在自说自话。

"这次的 fix 有点慢，让您等了这么久的 response，真的非常抱歉。之后我会把 agenda 发给您，请您做一下 assign。"——想象一下，当你接到了这样一封邮件时，是否能够立刻理解对方的意思？相信很多人都会感到一头雾水，甚至可能会根据上下文推测出完全不同的意思，误会了对方的意图，引发矛盾和纠纷。

因此，大家在发邮件时最好还是用中文把意思表达清楚，比如上面这封邮件可以改成："这次做决定有点慢，让您等了这么久的答复，真的非常抱歉。之后我会把日程安排发给您，请您安排一下各个项目的负责人。"

如果我们在文本中使用了对方不认识的词，那么对方在阅读的过程中还需要去查这些词的意思，花费更多的精力和时间。有的人一气之下可能还会回信抱怨说："以后能不能不要再用这些乱七八糟的词了。"在撰写工作邮件时，最重要的就是把自己想要表达的内容快速且正确地传达给对方。

职场建议 ③

使用聊天工具工作时应该注意的几点

现如今，工作中使用社交软件的机会越来越多，很多人都开始用聊天工具来取代邮件进行联络。在本专栏中，我想向大家介绍一下使用文字类聊天工具时需要注意的 5 点。

① 内容不要过于简略

很多人在使用聊天工具时，会省略问候语和固定的说辞，但有时这样的做法会给对方留下不礼貌的印象。

我就经常会听到有人抱怨说"至少一上来应该先打个招呼"。比如早上的话，可以先问候对方一句"早上好"，平时也可以先说一句"不好意思，打扰您了"，然后再开始谈正题。

② 避免使用指示代词

虽说聊天工具不像邮件那么拘束，但如果我们一上来就问对方"那个还没弄完吗？"，可能也会让对方感到一头雾水，毕竟很多人手头上都不止一件工作。使用指示代词来进行交流是一种十分危险的行为，因为双方有可能会误会彼此的意思。大家在沟通时还是尽量避免使用指示代词，把具体的事情说清楚。

③ 说话不要太过随意

使用聊天工具交谈和平时说话的感觉有些相似,但也需要注意用词,不应该太过随意。例如,有些人就反映说,当看到别人把"好的"说成"好哒",把"谢谢"说成"谢啦"的时候,就会感觉自己工作的积极性遭到了打击。大家在给工作上的人发消息时,还是应该注意一下措辞,保持基本的礼貌。

④ 把自己的名字和所属部门写清楚

在聊天工具和其他社交软件上,每个人通常都会上传自己的头像照片。但以防万一,在联络他人时最好还是把自己所在的公司、部门以及名字写清楚,比如"我是××公司××部的×××",这样看上去更加直接明了,双方的沟通也会更加顺畅。

⑤ 注意发消息的主语是"我"

当大家想要阐述自己的意见或是感想时,一定要注意用"我"来做主语。很多人在对自己的意见没有自信时,往往会使用"大家都这么说""一般都会这样认为"这种一般化的表达方式,试图使自己的主张具有正当性。但是这样一来,对方就会很难做出反驳,因此,很多人都会对这种缺乏主体性的表达方式感到不快。

聊天工具使用起来十分简捷,但正因如此,大家在使用时也更容易不小心说错话。为了与对方建立起稳固的信赖关系,大家一定要慎重地措辞,多站在对方的立场来思考。

07

与顾客交谈

我在做商务礼仪培训时，经常会听说有人完全按照员工手册上的要求来接待顾客，结果却还是不小心惹出了麻烦。事实上，很多人都对这种墨守成规、生搬硬套的接待方式感到不满。

例如，很多商务礼仪的课程都会告诉大家"在与顾客交流时，应该注视对方的眼睛"，但是也有人不喜欢这样被人盯着看。还有很多服务人员会用手册上写好的标准应答方式来答复顾客，但是有的人听到这种机械式的应答也会感到十分恼火。

接待顾客的基本礼仪并不是"过度谦卑"，而是"表达对对方的尊重和敬意"。在接待顾客时，最重要的并不是那些千篇一律、注重表面形式的商务礼仪，而是能否用语言去回应客户的需求。只要能够将这一点谨记于心，就能够在与顾客交流的过程中建立起信赖关系，而信赖关系则会进一步为顾客带来安心感。

想要让顾客能够安心地使用我们的产品与服务，就必须建立起双方的信赖关系。在接待顾客的过程中，心与心的交流要比员工手册和商务礼仪更为重要。

您好，这里是××公司。

直截了当

您有什么事？

您好，我是××公司的×××……

直截了当

那个……关于下周的会面……

啊！这个事情我有点不太清楚。

换我来接吧！

好厉害！

彬彬有礼

您好，一直以来承蒙您的照顾，对对嗯嗯！

您如果有什么事情的话，可以跟我说。

第 74 条

当你想要询问对方有什么事情时

✗ 不合适 的说法

> 您有什么事?

⬇

✓ 合适 的说法

> 如果您有什么事情的话,可以随时跟我说。

我们的职责是对顾客的需求做出回应,把自己放在被动的位置上,不要给对方压力。

当看到有顾客走进店内时，很多人都会想要热心地上前接待。有这种服务意识的确是好事，但是有些顾客并没有什么要紧的事情，只是想进来走走看看，并不想得到店员的关注。因此，大家在上前搭话时一定要注意不要给对方施加压力。

如果一上来就询问对方"您有什么事"，听上去就像是在逼问对方"你既然进来了，一定是有什么事情吧"。要是对方没有什么特别的事，只是想进来随便看看，听到了这样的话以后很可能就会迅速离去。

此时，如果换一种说法，告诉对方"如果您有什么事情的话，可以随时跟我说"，那么对方又会是怎样的感受呢？这样的说法才是真正"从顾客的角度出发"。听到了这样的话语，想必顾客就能够逛得更加安心，看到了喜欢的商品后也会跟我们说。

有些客人也许的确更喜欢积极热情的接待，还有些客人也许会大大方方地继续逛，并不在意店员说了什么，但是绝大多数人在感受到哪怕是一点点的"压力"后，都会想要立刻转身离去。

如果客人的来访明显带有目的，比如直接访问了公司办公楼，那么我们在接待时可以先询问对方："如果可以的话，能否请您告诉我您的来意？"这样，对方也会更好开口一些。

接待顾客的基本原则，就是把自己放在被动的位置上，对顾客的需求做出回应。

第 75 条

当你不知道如何回答顾客的问题时

✗ 不合适 的说法

> 这个我有点不太清楚。

↓

✓ 合适 的说法

> 我也不清楚,现在就去查一下。

"有点"属于画蛇添足,可以去掉。
不清楚的话就去找其他的方式来解决。

我在为公司的新员工做商务礼仪培训时，经常会教大家把"我不清楚"换成"我去给您查一下"；把"我做不到"换成"这超出了我的能力范围"。当我们无法立刻回答顾客的问题时，一定要学会用诚恳且委婉的方式去答复对方，不要让对方觉得自己遭到了拒绝或是无视。

　　有些人在表达自己不懂的时候，习惯加上一些程度副词，如"我有点不太清楚""我完全不了解"等，然而这样的做法却有些画蛇添足。顾客听到这些词后反而可能会感到不快，心想"什么叫作有点不太清楚""作为工作人员怎么能完全不了解"。

　　当顾客过来询问我们某个产品的用法，而我们却不了解的时候，最好的应对方式应该是直接告诉对方"我也不清楚，现在就去给您查一下"，或者是"请您稍等片刻，我这就去找熟悉这件产品的人来为您介绍"。

　　每个人都有自己"不懂"或是"不会"的事情，我们这些专门做员工培训的讲师也同样如此。当听讲者向讲师提出了问题，而讲师却当场回答不上来的时候，有的讲师就会想办法打圆场糊弄过去，但是这样的做法就是在砸自己的招牌。遇到不懂的问题，就应该坦诚地说自己不知道，然后积极地想办法去寻找答案。

　　如果寻找答案需要花费一定的时间，我们也要把具体的期限和方法明确地告诉对方。

第 76 条

当你想要询问顾客的姓名时

✗ **不合适** 的说法

您是哪位？

↓

✓ **合适** 的说法

我明白您的意思了，不知可否询问一下您的姓名？

先表示自己理解了对方的来意，然后再礼貌地询问对方的姓名。

当我们在接待顾客，或是接听顾客的电话时，经常需要询问对方的姓名。如果对方想要找公司里的某位员工，希望我们帮忙把人叫出来，那么我们也必须先问清来客的姓名，否则会很难跟同事说明情况。

此时，有的人会一上来就询问对方"您是哪位"。这样的问法相当于是直接问对方"你是谁"，未免会有些太过唐突。对方听到后也许会感到恼怒，心想"为什么我还得先跟你做自我介绍"。

在这种情况下，我们作为接待的一方，是在向对方提出请求，所以态度也应该更诚恳一些。正确的做法，应该是先了解对方此次的来意，然后再跟对方说："我明白您的意思了，不知可否询问一下您的姓名？"如果对方是登记在册的会员，我们也可以直接问对方有没有携带会员证。

我以前去某家公司做员工培训时，前台的工作人员一见到我就直接问"您有何贵干"，把我吓了一跳。由于当时培训的负责人没有把具体事宜跟前台转达清楚，所以前台的工作人员可能以为我是某个不相干的外部人士。然而即便如此，负责接待的人对公司的来访者摆出这样无礼的态度，也会使公司的形象大打折扣，大家一定要多加注意。

第 77 条

当你想要对顾客的话表示同意和尊重时

✗ 不合适 的说法

这样啊。

↓

✓ 合适 的说法

您是说……，对吗？

用"这样啊"来附和对方，会显得不够礼貌。最好是针对对方说过的具体内容来做出回应。

无论是在工作中，还是在生活中，许多人都经常会用一句"这样啊"来附和别人。然而实际上，这句话只能用在身份地位与自己相同或是比自己低的人身上，用来回复上司或是长辈就会显得有些不太礼貌。

如果我们把"这样啊"换成"您是说……，对吗？"，先引用对方说过的具体内容，然后再做出回应，表达自己的感悟或是敬意，那么对方就会知道我们在认真地聆听，从而对我们产生好感。

当对方说话时，如果我们只是机械地用"啊""嗯""这样啊"来附和，对方听起来也会有些心烦。因此，建议大家还是说一说具体的感想，如"我之前都不知道那件事""这个我是第一次听说"等。

有些人还会在"这样啊"的前面多加几个字，变成"原来是这样啊"，但是这种说法也同样不可取。要是你说话时已经养成了这种连声附和的习惯，一时半会很难改掉，那么可以试着在简短的附和后再加上一句话，如"啊，您说得对"或者"哦，原来是这样"，这样就会比机械式的附和要更自然一些。除了我列举的这两种以外，大家还可以再多想几种回应的方式，比如"的确如此""您说得很有道理"等，这样就可以灵活地运用到不同的场景之中。

第 78 条

当你已经跟顾客做了说明,但对方仍然反复询问时

✘ 不合适 的说法

> 刚才我已经告诉过您了……

⬇

✓ 合适 的说法

> 非常抱歉,是我刚才讲解得不够清楚。

每个人的理解能力会有一定的区别。
先确认顾客究竟是哪里没有听懂,然后再详细地进行说明。

我们在工作中有时会碰到这样的情况：明明自己已经对产品的使用方法进行了说明，对方却还是搞不清楚该怎么用；明明自己已经告诉了对方该如何填写文件，对方却还是在问个不停。此时，有的人会露出不耐烦的神情，跟对方说："刚才我已经告诉过您了……"

这种心情的确可以理解，但我们眼前的顾客是"上帝"，而我们则是为顾客服务的"专业人员"。就算是心里很想质问对方"到底有没有认真听"，也必须努力忍住，跟对方说："非常抱歉，是我刚才讲解得不够清楚。"

我们对自己公司提供的产品与服务十分了解，而对方却可能是第一次接触，所以往往需要一定的时间才能够理解。在对产品进行介绍时，不同产品的难易程度也不同，不能一概而论。但如果顾客的年岁已高，或者很不擅长使用这类产品，我们就应该做好多次讲解的心理准备。

就算我们觉得自己没有做错，也不能因为对方听不懂就摆出不耐烦的态度，否则对方就会觉得自己没有得到尊重。顾客选择了我们的商品和服务，而我们却给顾客留下了不愉快的回忆，这就有点本末倒置了。

此时，如果我们把错误揽到自己的身上，认为是自己讲解得不够清楚，那么对方的心中可能也会生出歉意，觉得反复提问很不好意思。只要对方不是故意刁难，我们就应该好好确认清楚对方究竟是哪里没有听懂，然后尽我们所能去满足对方的需求。

第 79 条

当你想询问对方是否有其他想要购买的商品时

✗ 不合适 的说法

> 您只买这些吗?

↓

✓ 合适 的说法

> 您要购买的是这些,对吗?

"只有这些"是很不礼貌的问法。
注意自己的措辞,不要给顾客施压。

负责推销或是销售工作的人往往希望顾客能够尽量多购买自己的产品。在这种愿望的驱使下，有些人就会不小心对顾客说出"您只买这些吗"这样的话，在问题中多加上了一个"只"字。

对方听到了这样的询问，可能会以为自己买得太少使店员感到不满，觉得有些不好意思，同时也不得不跟对方申明"没有其他想买的了"。

甚至还有些店员会强行向对方推销某件商品，她们会对顾客说"这件裙子卖得特别好，就剩最后一条了，我觉得特别适合您"。但如果对方更喜欢自己慢慢挑选的话，可能就会对这样的推销方式感到很苦恼，以至于不愿意再来这家店购物。反之，如果店员能够和顾客保持适度的距离，那么顾客日后也会想要再度光临。

如果店里有优惠活动的话，给顾客结账时多问一句"现在买两件可以打八折，您要不要再挑选一下"也没什么问题。然而当我们无法为顾客提供什么有利的信息时，只要简单地确认一下"您要购买的是这些，对吗"即可。

类似的还有，当我们询问顾客是否有积分卡，而对方回答说"没有"时，有些人会立刻向对方道歉并且露出内疚的神情，搞得像是把"没有积分卡"当作一件羞于启齿的事情。在这种情况下，其实只要用一句"好的"来答复对方即可。在与顾客交谈时，一定要注意自己的言行举止，不要一不小心让对方下不来台。

第 80 条

当顾客询问的商品没有库存或是不在店铺的销售范围内时

✗ 不合适 的说法

> 这个我们店里没有。

↓

✓ 合适 的说法

> 非常抱歉，××××目前不在本店的销售范围内。

先向对方表达歉意，不要使用指示代词，把商品的名称和缺货的原因跟对方说清楚。

当我们在负责销售工作时，经常会听到顾客问："你们这里卖不卖××××？"如果该商品当前没有库存或是不在店铺的销售范围内，那么我们就应该先向对方表达歉意，然后再说"××××目前不在本店的销售范围内"，把商品的名称和具体的情况跟对方解释清楚。有的人会直接对顾客说"这个我们店里没有"或者是"那个我们不卖"，但是这样的说法会显得有些生硬而冷漠。

　　另外，在这种场合中使用"这""那"等指示代词也不太合适。当我在给别人做心理咨询时，也会尽量避免使用这类词。如果对方向我倾诉了自己的烦恼，而我只是点头说"原来是这样"的话，那么就很可能会给对方留下敷衍空泛的印象。因此，我通常会把对方说过的内容总结一下，然后再给出一些反馈。

　　这一点在接待顾客时也同样适用。对方专程来店里寻找自己想要的商品，而我们却无法满足对方的需要，在这种情况下，一定要把商品的名称和缺货的原因一并跟对方说清楚。

　　在一些特殊的情况下，跟大量的顾客解释商品断货的问题可能会令人精疲力竭。例如，在新冠肺炎疫情刚开始流行的时候，一天可能会有几十个顾客走进店里问："你们这里卖不卖口罩？"然而在平时接待顾客的时候，大家一定要多为对方着想，注意说话的措辞，努力做到礼貌周到。

第 81 条

当你想要向顾客推销某件商品时

✗ 不合适 的说法

这个商品卖得非常好，现在不买的话以后就买不到了。

⬇

✓ 合适 的说法

这个商品还剩最后一件，如果您打算考虑一下的话，我可以先给您预留着。

"过度推销"是大忌。
给顾客留出考虑的余地，更容易赢得对方的好感。

相信大家都曾经听到过这样的推销话术——"这是最后一件了！""这是限定款，现在不买的话以后就买不到了！"

即使对方说的都是真话，当我们还在犹豫要不要买的时候，被别人这样催促，心情肯定不会很好。那么在这种情况下，店员应该怎么说，才能让顾客更加积极地考虑购买呢？

买与不买的选择权都掌握在顾客自己的手里。如果我们只是一个劲地向对方推销，不给对方留出考虑的余地，那么未免会显得有些太过强势。在这种情况下，我们可以试着向对方提议："这个商品还剩最后一件，要不要先给您预留一下？"

这样一来，顾客就会轻松许多，不会有"必须立刻做决定"的压力，可以先去别的店逛一逛，如果觉得不合适的话也可以不买。我们也要做好顾客放弃购买的打算，提前跟顾客商定一个时间，比如"如果您决定要买的话，请在××点前回来取货"。

不管我们有多么急着想要把商品卖出去，都一定不能"过度推销"。有时，强硬的推销听上去就跟胁迫没什么两样。如果无法为对方预留商品，那就简单地告诉对方"这个商品还剩最后一件，如果您想购买的话请尽早下单"即可。

在推销时给顾客留出考虑的余地，会更容易赢得对方的好感，使对方成为"回头客"。

第 82 条

当你不知道该如何称呼顾客时

✗ 不合适 的说法

> 姐，这件衣服你穿特别合适。

⬇

✓ 合适 的说法

> 顾客，这件衣服特别适合您。

不要用太过亲昵的方式来称呼对方，对所有的顾客都应该用统一的称呼。

大家在接待顾客时，有没有遇到过不知道该如何称呼对方的时候？

如果是在一般的工作场合，双方互换了名片之后，就可以直接用"姓氏加职位"来称呼彼此了，如"×经理""×部长"等。然而在销售和服务行业，当我们不知道对方的名字时，就只能用"顾客""女士""先生"来称呼对方。这样的做法本身也并没有什么问题，但有些人为了显得跟对方更加亲密，会特意用"姐""哥""这位爸爸""这位妈妈""这位太太"等词来称呼对方。

我的一名男性朋友就遇到过这样一件尴尬的事情。他现在是单身，没有孩子，结果在试衣服时店员却说"这位爸爸，这件衣服您穿起来很合身"，给他留下了十分不愉快的回忆。这种与家庭情况有关的称呼会涉及对方的隐私，应该尽量避免使用。

有些人以为使用这种亲昵的称呼可以快速跟顾客拉近距离，然而对方听了后反而可能会觉得不舒服。这样的做法有时还会使自己陷入尴尬的境地，比如有的人看到一男一女在一起逛街，就直接称呼女方为"这位太太"，然而后来却发现两人并不是夫妻关系。

在接待顾客时没有必要表现得太过亲昵，直接称呼对方为"顾客""女士""先生"就不会引发这样的问题了。

08

应对投诉

近年来，喜欢胡搅蛮缠提出无理要求的"魔鬼顾客"越来越多，甚至在服务业以外的行业也经常会出现。不少人都被顾客的投诉搞得焦头烂额，甚至出现了心理上的不适。为了防止投诉越闹越大，我们需要先找到对方的"愤怒"源自哪一种负面情绪。

例如，当顾客来投诉商品的质量问题时，其"愤怒"的情绪根源可能有两种，一种是商品无法正常使用所导致的"焦急"，另一种则是客服电话打不通所导致的"焦躁"。这两种情绪共同引发了"愤怒"，所以顾客才会来向我们投诉。此时，如果我们不先想办法平息根源上的这两种负面情绪，那么肯定无法止住对方的愤怒。

除了刚才提到的"焦急"和"焦躁"以外，"悲伤""孤独""担忧""不安""不满"等负面情绪也可能会成为"愤怒"的根源。为了找到具体的源头，我们必须先学会"倾听"。

所谓"倾听"，并不是指一动不动地坐在那里听对方说话，而是要让对方感觉到自己得到了重视和理解。因此，我们在应对顾客的投诉时，一定要时刻注意以顾客为本，站在顾客的角度去考虑问题。

咦?
冲天
你们公司到底是怎么回事!
怒气
对不起，
不好意思，
对不起。
冲上前来
实在是非常抱歉!
我一定会负起责任，
帮助您解决问题。

第 83 条

当你接到了顾客的投诉，想要向对方致歉时

✗ **不合适** 的说法

> 不好意思。

⬇

✓ **合适** 的说法

> 实在非常抱歉。

轻描淡写的道歉可能会进一步激怒对方，无论何时，都要用郑重的话语来表达歉意。

当我们接到顾客的投诉后，如果用一句轻描淡写的"不好意思"或是"对不起"来道歉，很可能会让对方更加愤怒。在面对情绪不佳的顾客时，我们一定要用更加郑重的话语来表达自己的诚意，如"实在非常抱歉"。甚至可以说，道歉就是要稍微过度一些才是最好的。

当我在企业中负责员工培训时，有人曾经问我说："即使我们并没有做错，也必须跟顾客道歉吗？"而我给出的答案是肯定的。有的人以为应对顾客的投诉就是在和顾客"决一胜负"，这也是一种错误的想法。哪怕对方只是来投诉一件小事，我们也必须先表达歉意，因为，毕竟对方在这件事情上耗费了宝贵的时间和精力。

在接到投诉时，我们的道歉并不只是因为商品出了问题或是工作人员出现了失误，更是因为公司的商品或是服务给顾客造成了不愉快。因此，无论具体的情况如何，只要接到了投诉，我们都应该首先向对方表达歉意。

另外，在当面向顾客致歉时，大家还要注意自己的表情和语气。在沟通与交流中，有一个著名的梅拉宾法则，该法则认为，人给对方带来的印象有55%来自外表和动作等"视觉信息"，38%来自音量和语气等"听觉信息"，而只有7%来自"语言信息"。

因此，如果我们能够用诚恳的态度和语气来向对方表达歉意，那么也许就能够赶在对方的怒气彻底爆发前将其平息。

第 84 条

当你想要向前来投诉的顾客确认具体的情况时

✗ **不合适** 的说法

> 您能不能把话说清楚一点？

⬇

✓ **合适** 的说法

> 能否请您先把眼前的情况跟我说明一下？

询问的目的是搞清楚问题的所在，厘清具体的情况是解决问题的关键。

当我们在应对顾客的投诉时，必须先知道顾客遇到了什么问题，或是对什么感到不满。然而有的时候对方正在气头上，说话时会把事实与意见、不满与愤怒全都掺杂在一起，使我们厘不清事情的来龙去脉。

尽管如此，我们也不能直接对顾客说："您能不能把话说清楚一点？"这种强硬的问法相当于是在告诉对方"你说的话我根本听不懂""不明白你在说什么"，可能会起到火上浇油的效果，让本就心情不好的顾客更加恼怒。有的时候，投诉者本人也不清楚问题究竟出在哪里。因此，我们在询问时应该想办法抓住重点，搞清楚对方当前最困扰的点是什么，或者在使用过程中的具体哪一步出现了问题。

例如，我们可以跟对方说："能否请您先把眼前的情况跟我说明一下？"这样一来，对方描述起来也会更容易一些。我也曾经因为电脑故障给客服人员打过电话，但是由于我对计算机不太了解，所以不知道该怎样才能跟对方说清楚。如果当时客服人员这样问我的话，那么我应该就能够冷静下来，从自己眼下想做但是却没能成功的操作开始讲起了。

等顾客开始对现状进行描述后，我们就可以再进一步站在顾客的角度上去厘清具体的情况，如"商品现在处于什么样的状态""您当时是如何使用的"等。这样一来，相信双方一定能更快地理解彼此，使问题得到有效的解决。

第 85 条

当你想请客户以后不要做某事时

✗ 不合适 的说法

> 请您今后不要再××××。

↓

✓ 合适 的说法

> 如果您今后能够××××的话，就不会再出现类似的故障了。

用否定的形式来提要求，会让对方难以接受。
如果改成用肯定的形式来提建议，就会让整句话的感觉大不相同。

有的时候，我们接到了顾客的投诉，结果经过一番调查后发现原因其实是出在对方自己的身上，这样的例子也并不少见。在这种情况下，有的顾客会一下子转变态度，向我们表达歉意，也有的顾客会立刻推卸责任，说都是产品设计得不好才导致自己用错。

无论大家遇到的是哪种类型，都最好不要用"请您今后不要再××××"这种否定的句式来向对方提要求，否则很容易重燃对方的怒火。

当我们想要告诉顾客如何正确地使用产品时，可能会有两种表达方式：一种是用否定句来要求对方"请您今后不要在关掉电源前直接拔插头"，另一种则是用肯定句来建议对方"如果您今后能先关掉电源再拔插头的话，就不会再出现类似的故障了"。这两种说法虽然是表达了同样的意思，但是给顾客带来的感受却是天差地别。

再如，当有顾客向客服部门投诉说"为什么晚上给你们打电话没人接"的时候，如果工作人员回复说"请您不要在非营业时间打电话"，那么对方听了以后可能会更加愤怒。还有的工作人员会直接告诉对方说"这是公司的规定"，然而这种冷淡的应答也会使对方心生不快。

真正"以顾客为本"的回答方式应该是"没能接到您的电话真的非常抱歉，如果您今后能在营业时间内致电的话，我们一定会竭诚为您服务"。仅仅是把否定句换成肯定句，就会彻底改变整句话的感觉。

第 86 条

当顾客自己搞错了时

❌ **不合适** 的说法

> 恕我直言，是顾客您自己记错了日期。

⬇

✓ **合适** 的说法

> 我们这边的资料上记载的取货日期是明天。

当顾客自己搞错了的时候，我们只需要冷静地将事实告知对方即可。

有些人总是爱自己想当然，还有些人又总是会固执己见，当这样的顾客自己搞错了事实，却来向商家投诉时，我们应该如何应对才好呢？例如，当顾客自己记错了取货日期，却跑过来埋怨工作人员时，有的人可能会忍不住想要直接回怼对方一句："恕我直言，是顾客您自己记错了日期。"

但是我在前文中也提到过，在接待顾客时，即使对方有错，我们也不能出言责备。在这种情况下，我们应该冷静地将事实告知对方，如"我们这边的资料上记载的取货日期是明天，能否请您也确认一下手头提货单上的日期"。

就算我们认为自己没有错，也一定不能理直气壮地去跟顾客说"您就算这么说我们也没办法""我都告诉过您取货日期是明天了"。

如果对方还是不肯接受事实，那就请直截了当地告诉对方："实在是非常抱歉，我们受理的提货时间是明天。"总之，要用冷静的语气把最低限度的信息传达给对方。一旦不小心说了多余的话，反而会露出破绽，让对方有了新的可乘之机。

另外，为了防止"说过了还是没说过"之类的问题引发矛盾，大家在工作时一定要把重要的事项写下来以备查看。

第 87 条

当你觉得问题的原因是出在顾客身上时

✗ 不合适 的说法

> 按理说不会这样。

↓

✓ 合适 的说法

> 麻烦您再跟我一起确认一遍。

就算是顾客自己搞错了,也绝不能出言责备。
自始至终都要保持尊重对方的态度。

一个在电器公司担任客服工作的人曾经跟我讲过这样一件事：一位顾客向公司投诉说买回家的电器不工作，结果客服人员确认了一下情况后，发现这位顾客根本就没插插头。

　　当大家遇到了这样的情况时，会怎么做呢？此时千万不要用"不插插头的话，机器当然不可能工作"这样的话来落井下石，而是应该对顾客说"搞清楚了原因就好"，这样才能让对方感到安心。另外，在寻找出现问题的原因时，也最好不要一上来就否定对方，断定说"按理说不会这样"或是"这不可能"。

　　就算我们心里觉得原因出在顾客自己身上，也一定要礼貌地跟对方说："麻烦您再跟我一起确认一遍。"不要使用质疑和责备的语气，而是要陪着顾客一起去寻找出现问题的原因。然而，如果对方坚决不肯承认原因出在自己身上，依然继续无理取闹、暴跳如雷，听不进去我们说的话，那我们也没有必要卑躬屈膝地去讨好。

　　当投诉的原因是顾客自己没有确认清楚，导致了曲解或是误会时，如果我们能够礼貌且周到地应对，就可能会让对方的不满和疑虑转化为信赖和安心。所谓"危机即转机"，请大家在任何时候都不要忘记保持尊重对方的态度。

第 88 条

当你被排队等待的顾客催促时

✗ **不合适** 的说法

还有其他顾客比您等得还要久。

↓

✓ **合适** 的说法

非常抱歉让您久等。

"和别人对比"只会起到反作用。
当对方情绪不佳时,应该表达歉意并告诉对方大致的等待时间。

当顾客很着急地来问我们"还需要等多久"的时候，我们通常会直接告诉对方"前面还有××个人"或是"应该至少还需要等30分钟"。但有时，我们还会碰到在排队时大吼着要求"快一点"的顾客。

在这种情况下，就算对方一个劲地催促，我们也不可能给他单独的优待。为了主张平等性，有的人会尝试用"还有其他顾客比您等得还要久"或是"其他的顾客也都在排队"这样的话来说服顾客，但是这种做法通常也只会起到反作用。"大家都等了很久，所以你也要忍着"——这种施加同辈压力的说服方式只会让对方的情绪更加糟糕。

顾客在等待的过程中感到十分焦急，所以才会向我们宣泄不满，此时如果我们不先向对方郑重地道歉，那么对方的情绪就不可能缓和。道过歉后，最好再告诉对方大致的等待时间，如"您前面现在还有两位顾客，请您再稍等片刻"。在任何情况下，人在看到了终点后都会更愿意再加一把劲。

在面对顾客的抱怨时，千万不要拿对方去和别人对比，而是应该先表达歉意，缓和对方的负面情绪，然后再告诉对方大致的等待时间。

第 89 条

当顾客来向我们投诉时

❌ **不合适** 的说法

> 我不太清楚，找领导来跟您谈吧。

⬇

✔ **合适** 的说法

> 我一定会负起责任，帮助您解决问题。

先展现出诚恳的态度，了解了情况后再做交接。

很多人都觉得应对顾客投诉实在是伤心费神，因此，当他们感到自己应付不来的时候，就会想要选择逃避。

近年来，越来越多的顾客投诉开始变成了单纯的找碴，经常会出现一个人很难应对的情况，但不管怎样，接到投诉的人都必须展现出积极为对方处理的态度。即使之后会跟领导交接工作，也必须先理解对方的感受和意图，了解情况。

此时，如果我们能够对顾客说"我一定会负起责任，帮助您解决问题"，那么对方就会感到更加安心。反之，要是我们推三阻四地想要逃避，那么对方的情绪也会变得更差。一些顾客之所以会喊"叫你们领导过来"，往往就是因为觉得店员没有担当或是对问题不够重视。

如果我们听顾客说完了情况后，觉得自己的确应付不来，那么可以告诉对方"我去向上司确认一下"，进入解决问题的下一阶段。在某些情况下，我们可能不得不将投诉交接给其他人处理。因此，为了不再劳烦顾客向其他负责人重新说明情况，我们一定要先把事情的来龙去脉了解清楚。

第 90 条

当顾客没有认真阅读说明书时

❌ **不合适** 的说法

> 难道说明书上没写吗?

⬇

✓ **合适** 的说法

> 我会按照步骤跟您说明使用的方法。

责备顾客是工作中的大忌,作为专业人员,应该学会用简洁的语言来进行说明。

大家在开始使用买来的商品前，都会认真阅读其附带的使用说明书吗？我最近都会先看完说明书再开始使用，但是尽管如此，仍然会有搞不明白的时候。

写说明书的人肯定是想让大家尽可能地一看就懂，然而并不是所有的顾客在看完说明书后都能够按照说明书上写的那样去操作。相反，我们应该做好顾客不看说明书，或者看过后也无法正确理解其内容的心理准备，这样才能更加冷静地应对顾客的投诉。

有些人接到投诉后会用责备的语气去质问对方"这个难道说明书上没写吗""您没按照说明书上写的那样用吧"。然而这样的问法颇有挑衅的意味，顾客听到后可能会怒火中烧，以后再也不想买这个公司的产品。我们越是想要证明自己占理，对方就越会离我们而去。

当顾客没有看懂说明书时，正确的应对方式应该是向对方一步一步地说明使用的方法。当顾客听懂了我们的说明，问题得到了解决后，我们可以再跟对方说"能帮助您解决问题真是太好了""能帮上您的忙我很荣幸"。

这样的顾客往往是第一次接触我们的产品，因此，当对方听懂了我们的说明，使问题得到解决时，我们也应该发自内心地感到高兴。甚至有些顾客在自己的投诉得到了商家耐心的回应后，心中的不满全都转化为信赖，成了商家的回头客。

职场建议 ④

如何把难以说出口的话表达出来

　　日本文化很注重"他人优先",所以大家都尽量不去给别人添麻烦,甚至不敢把自己想说的话说出来,认为这是一种"以自我为中心"的做法。然而,"自我主张"和"以自我为中心"完全是两个概念。人如果不把自己的想法说出来,就无法做到相互理解。从某种意义上说,因为对方无法体察到自己的心情而感到气愤或是难过,其实也是在施加暴力。当你想要把难以说出口的话表达出来时,应该注意以下 3 点。

① 从"事实"说起

　　把事实跟对方讲清楚是一件非常重要的事。如果我们在话语中掺杂了自己的情绪或是周围人的意见等其他因素,那么对方可能也会变得情绪化,很难坦率地接受我们所说的话。一上来就开始谈自己的感受,很容易被对方误以为是在"找借口"或是"耍赖",但如果我们从眼前的事实开始谈起,那么对方也会把我们的话当作"说明"来倾听。

② 用简洁的话语来表达

　　使用简洁明了的话语会让对方更加清晰地理解我们想要

表达的内容。多余的借口和拐弯抹角的表达方式只会起到反作用，使对方抓不住重点。有些人害怕自己说话太直接会给对方造成伤害，所以总是喜欢绕来绕去，这一点大家平时也要多加注意。

③ 保持平静的语气

当我们在与别人沟通时，一定要注意保持平静的语气，不要让对方误以为自己遭到了指责或是挑衅。如果我们在表情和语气中表现出了责备，那么对方也会变得更加情绪化。这样一来，不仅双方的沟通会受到阻碍，甚至人际关系也会出现裂痕。

如果我们能够平静且清晰地表达自己的看法，那么就算内容比较直接，也不会让对方心生反感，或是导致人际关系的破裂。在大多数情况下，把自己的看法明确地表达出来反而能够促进彼此之间的相互理解，让人际关系朝着好的方向发展。

09 接待客户

当我们在与客户或是顾客交谈时，使用礼貌尊敬的措辞是第一大前提。但与此同时，过分尊敬的表达方式听上去也会有些奇怪，甚至让对方感觉自己遭到了挖苦和讽刺，所以大家也要多加注意。

　　在此基础上，保持自然的微笑，略微睁大眼睛，放大口型，让表情显得丰富一些，也会给对方留下更好的印象。如果你本身不太爱笑的话，也可以试着一边附和对方的话语，一边将身体略微前倾，这样就能表现出你对对方讲的内容很有兴趣，听得很认真。

　　另外，在交谈中，双方的发言最好保持在对方与自己的比例为7：3左右，让对方多说一些。即使是我们在向对方介绍公司的商品，也最好多引导对方说一说自己的需求，这样的话成交率往往也会有所提升。

　　这条规律在公司的招聘面试中也同样适用。一般来说，如果面试中的发言保持在面试官与面试者的比例为7：3左右的话，面试通过的概率会更大一些。当然无论发言的数量多少，我们都必须注意措辞的礼貌和尊敬，这一点是与他人沟通的关键。

××××的资料，我们这边还没有收到……
好的！
我姑且先给您发过去。
最好今天12点以前就能拿到？
就剩一小时了？
这肯定不行！
×××公司的人（公司的大客户）。
咦？
是谁的电话啊……
推销的？
那个……
我是××公司××部的×××，
实在是非常抱歉！
我们会加紧去做！今天12点前可能会有点困难，但是我们会努力想想办法。

第 91 条

当客户委托我们去做某项工作时

✗ 不合适 的说法

有空的话/好吧，我去做一下。

↓

✓ 合适 的说法

我们会加紧去做。

"有空的话/好吧"更像是暂时的应付，换成"加紧""先"会更好。

有些人在接到客户的委托时，会像面对自己的亲朋好友一样随意地说"有空的话／好吧，我去做一下"。甚至他们中的很多人都只是习惯性地这样回答，并没有多想。

有些时候，对方委托我们去做的工作可能对我们来说不是很要紧，或者让我们提不起兴趣，然而对方是觉得信得过我们，所以才会来委托我们，如果我们只是马马虎虎、敷衍搪塞，那么很可能就会给对方留下不负责任的印象。

例如，我们在日常生活中经常会用到"有空的话／好吧"一词。然而这个词带有"让步""不得已""暂时应付"的意思，会给人一种不情不愿、糊弄了事的感觉。在工作中使用这样的词，很可能会使客户失去对我们的信赖。

无论是什么工作，只要是客户的委托，我们都应该诚心诚意地对待。如果我们跟对方说"我们会加紧去做""一定会尽快为您办妥"，那么对方就一定会感到更加安心。

除了在接受客户的委托时，在与客户的日常谈话中也需要注意这个问题。"有空的话我就给您把资料拿过来""好吧，先按照这个方针来"等，这样的说法也并不太合适。如果能够把"有空的话／好吧"换成"加紧"的话，对方就更能感受到我们的诚意了。

第 92 条

当客户提出了过于困难的要求时

✗ 不合适 的说法

> 这肯定不行。

↓

✓ 合适 的说法

> 这可能会有点困难,但是我们会努力想想办法。

就算困难,也要向对方展现出积极努力的态度。
表达拒绝时一定要格外注意礼貌。

为了跟客户建立起信赖关系，相信大家都会想要尽量满足对方提出的要求。然而，当对方提出的要求过于困难时，我们也会感到束手无策。

在这种情况下，有的人会直接告诉对方"这肯定不行"。但是如果双方认识还不是很久的话，这样的表达方式可能就会给对方留下冷淡的印象，使关系恶化。

即便是想要拒绝，我们也应该向对方展现出积极努力的态度，比如"这可能会有点困难，但是我们会努力想想办法"或者"现阶段可能会比较困难，但是我们今后会尽力做到"。

为了和客户保持良好的合作关系，即使交涉未能成功，我们也要尽量减少对方内心中的不快感。如果能够把姿态放低一些，加上一句"因为我们的能力不足""未能满足您的要求实在是非常抱歉"的话，那么就会给对方留下更好的印象。

但是，如果对方的要求超出了我们的业务范围，或者是拜托我们去做绝对无法完成的工作，那么我们也应该鼓起勇气来明确地拒绝对方。近年来，提出无理要求的"魔鬼顾客"越来越多，因此，拿出坚定的态度也十分重要。

"做不到""不行"之类的词会给对方一种被"完全否定"的感觉，因此，大家在拒绝时最好换成其他比较委婉的表达方式，比如"这超出了我的能力范围"，这样的话也能给对方留下更好的印象。

第 93 条

当你想跟对方干杯，而对方却不喝酒时

❌ **不合适** 的说法

> 您就陪我喝一杯嘛。

⬇

✓ **合适** 的说法

> 您可以选其他喜欢的饮品。

强行劝酒也是一种职场骚扰，对不喝酒的人也要表示尊重。

当对方不喜欢喝酒或是不能喝酒的时候，我们不应该强行劝酒。然而在实际生活中，很多人虽然没有恶意，但还是会忍不住说"您就陪我喝一杯嘛""干杯的时候喝一口而已，没什么大不了的"。

有时对方听到了这样的话后很难拒绝，就会勉强自己去喝，结果导致身体出现了不适。就算是对方的身体没有出现问题，这种强行劝酒的行为也可能会遭到民事诉讼，因此，请大家一定不要劝说别人喝酒。

这一点不仅限于接待客户，在所有涉及饮食的商务场合中，我们都应该让对方自由地选择自己喜欢的饮品。

无论如何都不要对不喝酒的人表现出偏见或是歧视，如"不喝酒太不合群了""不喝酒算不上合格的员工"等。就算是不会喝酒，一般来说也不会对人际交往产生影响。

不过，也有一些喜欢喝酒的人在喝了酒后才会吐露自己的真心话，所以如果能够随机应变，享受喝酒的过程，那就再好不过了。

另外，在公司内部的聚餐中，有时还会出现"明明自己不喝酒，AA制的时候却还要均摊酒钱，所以不想参加"的情况。大家在组织活动的时候，也最好注意一下这方面的问题。

第 94 条

当你想在接待客户时谈生意时

✗ **不合适** 的说法

> 我就开门见山了，您觉得我们向贵公司提议的A项目怎么样？

⬇

✓ **合适** 的说法

> A项目的事也要劳烦您多费心了。

接待客户的首要任务是让对方感到"宾至如归"。生意上的话题要挑合适的时机讲，以免惹得对方不快。

接待客户是一个与客户交流的机会，可以加深对彼此的了解，让工作更加顺利地推进。因此，我们在接待客户时的首要任务就是让对方感到"宾至如归"。如果忘记了这一点，试图强行在饭桌上把生意谈妥，那么就可能会令对方感到不快，使双方的关系恶化。

当然，如果对客户来说也是意义重大的工作项目，那么谈一谈也并不是坏事。当我们在年底设宴答谢客户时，有时也会提到下一年度的工作计划。但即便是在这种情况下，吃饭时也最好先聊一些别的话题，等到最后收尾的时候再简单地提一下"今年真是承蒙您的照顾，A项目的事也要劳烦您多费心了"即可。

如果对方先开口谈起工作的事，那么我们也可以顺着话题往下说。但是千万要注意察言观色，不要张口就说："我就开门见山了，您觉得我们向贵公司提议的A项目怎么样？"否则对方可能也会感到很不自在。

在接待客户时谈什么话题比较好，这要根据双方的关系和工作情况来具体判断。刚开始的时候我们最好是当一个"听众"，先认真倾听对方的话语。只要让对方愉快地享受了美食和谈话，那么我们也就达成了接待客户的目的。

在接待客户时，大家一定要把自己摆在"东道主"的位置上，多留心多观察，千万不要失了礼数。

第 95 条

当对方说起自己失败的经历时

✗ 不合适 的说法

您竟然还做过这种傻事吗？

⬇

✓ 合适 的说法

原来您也有过这样的经历啊！

> 即使是喝醉了也千万不能乱说话，"不必拘礼"不代表可以无礼。

当我们在接待客户时，即使对方提出"今晚大家开心吃顿饭，不必拘礼"，我们也不能真的完全忽视礼节，变得肆无忌惮。然而有不少人在喝醉酒以后，就会不小心说出非常无礼的话来。

不知道大家有没有遇到过这样的情况。当客户开始讲起自己以前失败的经历，想要活跃一下酒桌上的气氛时，有的人会直接嘲笑对方说"您竟然还做过这种傻事吗，简直难以置信"，还有的人甚至连称呼都从"您"变成了"你"。

有的时候，对方谈起自己过去的失败，是想为接下来炫耀自己的成功作铺垫，告诉大家"有了以前的失败，才有了现在成功的自己"。而如果我们还没等对方说完，就开始嘲笑对方的失败，那么话题的方向就会彻底改变，气氛也会变得沉重起来。况且，无论对方说的话多么有趣，我们都不能忘记用尊称来称呼对方，不然就会显得很不礼貌。

类似的情况还有，当我们招待对方吃比较少见的餐点，而对方说自己是第一次吃的时候，有的人会立刻感叹道："原来您也有没吃过的东西吗？"这种听起来像嘲讽的奉承话还是少说为妙。此时如果作为东道主的我们能够跟对方说"要是能合您的口味就好，这样我们的准备也值得了"，那么对方就能够感受到我们的心意，对我们公司的好感度也会上升。

即便是醉意缓解了紧张感，大家也千万不能乱说话。这样的失误可能会使对方对我们的印象大打折扣，这也是接待客户的可怕之处。

第 96 条

当你想跟客户说"我来买单"时

✗ 不合适 的说法

> 这顿饭我们来付钱,您不必介意。

⬇

✓ 合适 的说法

> 这里就交给我们公司来吧。

"卖人情"会让对方耿耿于怀,用一句话来若无其事地带过即可。

当我们在和客户吃饭时，负责接待的一方的负责人或是领导往往会安排好从订位到结账的所有事宜。在这种情况下，用一句话来告诉对方"我来买单"就变得十分重要。

其中最好的方式就是瞅准大家快要吃完的时候离席，不动声色地把单买好。如果做不到的话，也可以在结账前简单地跟对方说："这里就交给我们公司来吧。"

直接告诉对方"这顿饭我们来付钱，您不必介意"，并不是一种聪明的做法。对方听到"不必介意"四个字后，可能反而会更加介意，"付钱"这个词也有些过于直白。

除此之外，一些听上去像是在"卖人情"的话语也是尽量少说为妙，如"别的地方可喝不到这么高级的红酒""这家店的座位可不是随随便便就能订到的"等。

如果换成"这是一种名贵的红酒，请您一定要尝尝看""这家店非常受欢迎，能订到座位真的很幸运"的话，对方也一定会更加愉悦地品尝美食与佳酿。

接待客户是与客户加深关系的重要机会。如果我们心里觉得自己的招待对对方来说是一种恩情，那么这种傲慢就会从我们的只言片语中显露出来。因此，请大家在接待客户时一定要保持谦和的态度。

10

面试、职业咨询、换工作

企业的面试官想要聘用的并不是履历光鲜的精英，而是能够长期一起工作、值得信赖的伙伴。从面试官的角度来看，无论招聘来的新员工是刚毕业还是跳槽而来的，都应该不断地成长，这样公司才能安心地把工作交给他们去做。

为了回应这种期待，我们必须先从客观的视角，用冷静的态度来审视自己的实力与个性。如果一个人做不到这一点，只会用吹牛的方式来让自己脱颖而出，提一些以自我为中心的要求，那么他必定无法得到面试官的垂青。

每个人都有自己的弱点，也有自己不擅长做的事。我们应该先接纳原原本本的自己，保持谦虚和坦诚的态度，然后想办法发挥自己的优势，努力去提升自我。

无论是在面试中，还是在新的职场中，只有我们先学会接纳自己，别人才有可能接纳我们。只要我们记住这一点，让自己的一言一行变得积极起来，那么就一定会有人愿意成为我们的伙伴，与我们建立良好的人际关系。

又要到招聘的季节了。
你是去年面试进来的吧！
是的！
应届毕业生
当时你把自己的优势讲得很清楚，给我留下了很深刻的印象。
留学生活培养了我的挑战精神，
面对任何工作我都一定会全力以赴！
十年前
我刚毕业找工作的时候真是到处碰壁，
当时只会说这么几句，面试的公司全都没录取我。
我什么都会做！
任何工作都可以做！
嗯，这肯定会被刷掉的吧！
哈哈
能被现在的公司录取真是太好啦！
啊哈哈

第 97 条

当你想在面试中展示自己的优势时

✗ **不合适** 的说法

我什么工作都想尝试。

⬇

✓ **合适** 的说法

留学生活培养了我的挑战精神,面对任何工作我都一定会全力以赴。

笼统地介绍自己的优势,很难给对方留下深刻的印象。最好是结合自己的经历来谈,这样会更有说服力。

在面试中，为了给对方留下一个更好的印象，我们有时候会说一些没必要说的话。

例如，当面试官提问说"你想来我们公司从事什么工作"的时候，有的人会回答"我什么工作都想尝试""我什么都会做"，然而这样的回答方式有些太过千篇一律，对方可能反而会心想"说这种话的人往往什么都不会"。即使这种热忱得到了面试官的赏识，成功被公司录取，如果对方在之后的实际工作中没有展现出相应的水平，也会令周围的人感到十分失望，使自己的印象分大打折扣。

如果换一种说法，比如"留学生活培养了我的挑战精神，面对任何工作我都一定会全力以赴"，可能会更容易勾起面试官的兴趣。在接下来的面试中，我们可以再跟面试官讲一讲自己这样想的根据，比如以前的一些经历和考取过的资格证等。

当我们想表达自己具有领导能力时，也不要光是笼统地说"我是适合做领导者的类型"，而是最好举一些具体的例子，比如"我曾经做过社团的社长，管理50名社员"或者"我曾经做过学生会会长"等，这样才会更有说服力。

然而在有些面试中，面试官更看重员工的协调性，而不是领导能力。在这种情况下，光是向面试官展示自己的领导能力可能就不太合适，最好同时表现一下自己的团队合作意识。

总之，面试的关键在于"突出优势"，而不是"面面俱到"。用自己最大的优势来一决胜负，更容易给面试官留下深刻的印象。

第 98 条

当你有想做的工作时

✗ **不合适** 的说法

> 这个工作我会做。别看我这样，我以前还参与过××××的项目呢。

↓

✓ **合适** 的说法

> 我很想挑战一下这项工作。

千万不要说大话，
拿出热忱和诚意才能获得他人的信赖。

"说大话"往往很快就会被别人拆穿。有些人在面试中说自己会做某项工作，然而实际上却根本不会；还有些人只是稍微跟某个大项目扯上过一点关系，就吹牛说自己是项目的一员。这样的做法其实和"简历造假"没什么区别，过分地夸大其词往往只会让自己之后的日子过得更加艰辛。

近年来，这种类型的人似乎有所增加，因此，有的人事负责人也表示，碰到吹嘘自己"这也会那也会"的人，一般都会慎重考虑。这种面试的时候说大话来推销自己的人，只要一开始工作马上就会露馅，甚至还会给指派工作的人惹来巨大的麻烦。

然而，也有的人会先虚张声势说自己会做，给自己施加压力，然后再付出巨大的努力来做出成果。如果有这种对工作负责到底的觉悟，那么"说大话"可能也并不完全是一件坏事。

如果你对自己没有这么强的信心，但是却很想尝试这项工作，那就可以坦诚地告诉对方"我很想挑战一下这项工作"。只要能表现出足够的热忱，也可以赢得对方的信赖。

有的人吹牛说自己会做，结果实际上却根本不会；有的人承认自己不会做，但是却对工作充满热忱且值得信赖。如果你是上司的话，相信你也一定会把工作交给后者去做吧。表现出热忱和诚意的人往往更容易给别人留下深刻的印象。

第 99 条

当面试官让你介绍一下自己的长处时

✗ 不合适 的说法

> 我跟任何人都能合得来。

⬇

✓ 合适 的说法

> 我就算是遇到了合不来的人,也会努力适应和对方相处。

把话说得太绝对往往会起到反作用。坦诚的人更容易得到面试官的垂青。

在面试时把话说得太绝对的人，往往不会给面试官留下很好的印象。

例如，有的人会在面试时说"我跟任何人都能合得来"，但这显然不太现实，会显得有些过度自信。如果换成"我就算是遇到了合不来的人，也会努力适应和对方相处"的话，对方就会更容易理解一些。

很多人这么说是想要展现自己强大的沟通能力。然而世界上本就不存在"绝对"二字，因此，这样的话只会起到反作用，让对方怀疑我们话语的真实性。

类似的说法还有"我从来都没有发过脾气""我绝对不会迟到"等，这些都可能会给面试官留下"固执己见"和"不懂变通"的印象。

说自己"从来都没有发过脾气"的人，可能是因为过度压抑自己，导致自己都无法理解自己的情绪。我遇到这种类型的咨询者时，往往会跟他们说"你一直以来太过努力，总是在忽视自己，以后应该多重视自己一些"。

无论是在面试时还是在职场中，愿意把自己的想法坦诚地表达出来的人都会更容易收获他人的好感。

第 100 条

当你跟面试官聊得很投机时

✗ 不合适 的说法

别看我现在挺能说的,其实我很不擅长和别人交流。

⬇

✓ 合适 的说法

我很喜欢和别人交流。

不要假装谦虚来自吹自擂。
在谈到自己的长处时,把具体的经历也一并说一说。

一个人和面试官聊得正投机，却突然告诉对方说："别看我现在挺能说的，其实我很不擅长和别人交流。"此时，面试官心里会怎么想呢？

这就好比一个酒过千杯而面不改色的人突然跟大家说"别看我今天喝了这么多，其实我不怎么能喝酒"一样，表面看上去像是在谦虚，然而实际上却是想要吹嘘一下。

酒桌上听到了这样的话，大家也许还可以一笑置之，然而面试的时候却没有这么简单。"别看我现在和你们谈笑风生，其实这还不是我全部的实力"——抱有这种想法的人往往很难给面试官留下什么好的印象，反而会让对方一眼就看出这个人是在假装谦虚，想要博取他人的注意。

如果你和面试官聊得很投机，可以直接告诉对方："我很喜欢和别人交流。"如果之前有过锻炼沟通能力的经历，也可以拿出来说一说，比如"我以前做兼职组长的时候，用谈话的方式挽留过许多想要辞职的员工"，这样对方也会觉得更可信一些。

在从事人事工作的人面前，多余的演技和小聪明根本就无处遁形。我们只需要展现出自己的本来面貌，把自己独特的经历和想法坦诚地说出来就够了。

第 101 条

当你在参加小组面试时

❌ **不合适** 的说法

> 我可以说几句吗？
> （打断别人的发言）

⬇

✓ **合适** 的说法

> 对于这个，您有什么看法？
> （把话题抛给发言比较少的人）

面试官想要寻找的不是"以自我为中心的人"，
而是"具有协调能力的人"。

企业的招聘负责人一致认为，在小组面试的讨论环节中最能够看出哪些人只考虑自己，哪些人会为他人着想。

在讨论中，大家往往只顾着主张自己的意见，一旦抓住发言的机会就立刻开始滔滔不绝。甚至有些人为了快点说出自己的观点，会直接打断别人说："我可以说几句吗？"还有的人在别人说话时会露出一副无聊的表情，并不会认真地去倾听。

如果一个人对他人漠不关心，丝毫体现不出团队协调性，那么无论他的发言内容有多么精彩，都不会得到很高的评价。我在前文中也提到过，企业想要聘用的是能够和谐相处，一起完成工作的伙伴。

因此，在小组面试中，如果有人能够注意到那些还没有发言过的人，主动地征询一下对方的看法，或者是认真地倾听别人的发言，并点头回应，那么他们一定会给面试官留下更好的印象，在团队工作中也会表现得十分出色。

这一点不仅适用于面试，还适用于其他小组讨论或是研习会。负责招聘的人往往都会格外重视应聘者的团队协调性。

第 102 条

当你想要了解自己应聘的公司都有哪些业务时

❌ **不合适** 的说法

> 请问贵公司的业务主要包括哪些？

⬇

✓ **合适** 的说法

> 贵公司的××项目给我带来了很深的感触，请问您能详细地跟我讲一讲吗？

在问对方问题前，最好先自己做做调查，说一说感想。

当我们想要多了解一下自己应聘的公司时，应该先自己做做调查，然后再来询问对方，否则很容易给对方留下不好的印象。面试官在遇到对公司一无所知的面试者时，往往都会感到有些不快。

在面试前查询一下公司的相关信息，这属于基本的礼节。"贵公司的××项目给我带来了很深的感触，请问您能详细地跟我讲一讲吗？"——像这样，如果我们在面试时能够先表达一下自己的感想，然后再去向对方提问，那么对方就能看出我们在面试前做过调查，会感到十分欣慰。

另外，当对方在向我们介绍时，我们也应该用合适的话语去回应。不要光是用"这样啊"之类的话来附和对方，而是应该总结一下对方说过的具体内容，然后谈一谈自己的感想，或者是抓住其中的某一点继续深入询问。

如果一个人主动向面试官提问，结果在对方回答的时候却又给不出什么反应，那么提问也只会起到反作用。还有一些人喜欢用"话说"之类的词来单方面切换话题，这样的做法也会使对方有一种"被打断"的感觉，大家平时要多加注意。

面试的机会得来不易，大家一定不要忽视面试前的准备工作，在自己的能力范围内做好调查。

第 103 条

当谈到工作中能够提升的技能时

✗ 不合适 的说法

在贵公司工作的话,我能够学到哪些技能呢?

↓

✓ 合适 的说法

如果能够在贵公司就职的话,我希望在工作中提升××××的技能。

"以自我为中心"的发言会给对方带来负面的印象。最好是使用能够体现出主体意识的表达方式。

想要在工作中提升自我，是十分正常的想法。然而面试官所寻找的是"诚实且积极向上、能够成为工作伙伴"的人，因此，以自我为中心的发言往往会给面试官留下负面的印象。

有些人十分注重自己的利益，因此会在面试中询问面试官"在贵公司工作的话，我能够学到哪些技能呢""可以一边工作一边准备资格考试吗""这份工作能够为我带来人脉吗"等问题。

还有一些人甚至会直接在面试中宣称"我要在贵公司积累经验，然后有朝一日自己出去创业"。这些话语中无不透露着一股傲慢，暴露了说话者内心的真实想法——"如果遇到了对我来说更有利的公司，那我就会选择（跳槽）去那边"。

即使大家真的这么想，也不要这样直接表露出来，最好是换成其他能够体现出主体意识的表达方式，如"如果能够在贵公司就职的话，我希望在工作中提升××××的技能"。

我在做心理咨询时，经常会听到别人倾诉说："面试的时候我明明说想要做销售，结果却被分配去做文书工作，好想辞职。"事实上，只有很少的人在进公司后能够立刻被分配到自己喜欢的工作岗位上。

一些人事负责人也经常会感叹说，有自己的目标是好事，但是希望大家能够先认真对待自己当前负责的工作。

第 104 条

当你想表达对工作条件的要求时

✗ **不合适** 的说法

> 我的工作时间不能超过晚上六点。

↓

✓ **合适** 的说法

> 我晚上需要接孩子，所以很难加班到晚上六点以后。

在提出要求时，最好把原因也一起讲清楚。太过任性的话最好还是少说为妙。

虽说面试的主要目的是向对方推销自己，但如果大家出于某些原因对工作条件有要求的话，也应该用诚恳的态度提前跟对方说清楚。

有些需要照顾孩子和老人的人在工作时间方面会受到限制。大家在对工作条件提要求时，一定要把这种家庭原因也一起讲清楚。不要光是告诉对方"我的工作时间不能超过晚上六点"，而是应该说得具体一些，比如"我晚上需要接孩子，所以明年一整年都很难加班到晚上六点以后"，这样的话对方也会更容易理解。

我听说现在越来越多的年轻人都会在还没有正式上岗前，就对公司提出各种各样的要求，如"我不想加班""我不想做会计工作""我想在本部上班，分公司离我家太远了通勤不方便"等。这种没有正当理由，一上来就说"我想……""我不想……"的做法其实就是一种任性，让许多人事负责人都感到十分头疼。

有的人更重视自己的私人时间，认为工作只要过得去就行，这种观点属于个人自由，他人无权干涉。但是作为职场人士，既然承担了工作，就应该履行自己的职责。

如果有无论如何都无法让步的条件，那么最好是将其以"愿望"的方式提出来，而不是"要求"，如"我会认真负责地完成工作，但是希望能够……"这样的话，给对方带来的负面印象就会减少许多。

第 105 条

当你发现工作与自己想象的不同时

✗ 不合适 的说法

> 现在的工作不是我想做的。

⬇

✓ 合适 的说法

> 等我掌握了现在这项工作的要领以后，接下来我还想再去做一下其他类型的工作。

面对自己不想做的工作，也不要一味地批判和否定。保持积极的心态，把自己喜欢的工作类型告诉对方。

我在企业中为员工做心理咨询时，经常会听到对方抱怨说"现在的工作不是我想做的""公司的氛围跟我原来想的不太一样"等。

每个人烦恼的原因各有不同，有的人是对工作的内容不满意，还有的人是对公司氛围有些不适应。事实上，我们所描绘的理想只是自己的一厢情愿。只要我们在追逐理想，现实就永远都无法令我们感到满意。但如果我们换一个角度思考，努力去接近自己的理想，那么这种不满的程度也许就会减轻一些。

世界上不存在毫无意义的工作。只要我们能够放下个人喜恶，负起责任，完成好公司指派的工作，就一定能够望见更高的平台。到那时，如果我们再向公司提出"等我在现在的岗位上做出了成绩后，接下来我还想再去做一下其他类型的工作"，表达出自己想要更上一层楼的意愿，那么对方也一定会更积极地接受。

工作做不出成果的人，再怎么抱怨和发牢骚也只会遭到无视。反之，如果一个人在工作中取得了不错的成果后再提出"想要更高的平台""一直以来的努力都是为了调到×××的岗位上"，那么上司和人事部门的人愿意认真考虑的可能性也会大幅提升。

面对任何工作都积极努力，不会一味地批判和否定，这样的人往往更容易得到周围人的助力。

第 106 条

当你来到了新的职场时

✗ **不合适** 的说法

> 我以前在××公司（某大企业）工作过。

⬇

✓ **合适** 的说法

> 我是被这家公司的魅力吸引过来的。

与其炫耀自己的履历，不如给大家提供一些有趣的话题。

当我们来到一个新的职场，谈起之前就职的公司时，一定要在措辞方面多加注意。"我来这里之前是在××公司（某大企业）工作的""我以前公司的做法不是这样的"——像这样的话语很可能会给他人带来不快。

很多人出于"想让对方高看自己一眼"或是"不想被别人看扁"等原因，会把自己以前的工作和履历拿出来炫耀。然而这种话说得越多，就越容易引来周围人的厌恶。如果吹嘘了半天，工作中又拿不出相应的成果，就更会被大家看作是"只会吹牛皮的人"，使印象分大打折扣。

如果我们对新同事说"我是被这家公司的魅力吸引过来的"，那么对方也会对我们更有好感。真正工作能力强的人，就算是对自己的履历只字不提，只要拿出了成果，也同样会得到周围人的好评。

在和别人初次见面时，最重要的就是勾起对方的兴趣。因此，用精英的外壳把自己武装起来并不是明智之举，展现自己原原本本的个性才是正确的选择。想要让对方认同我们的工作成果，首先就不能让对方对我们抱有敌意。就算是对方主动来打听我们的履历，我们也最好是不动声色地搪塞过去。

第 107 条

当你在新的职场中自我介绍时

✗ 不合适 的说法

我的上一份工作是在××公司担任销售主管。我还有×××资格证。

↓

✓ 合适 的说法

我的上一份工作是做销售。我特别喜欢这种和人打交道的工作。

自吹自擂和妄自菲薄都是错误的做法。
用话语来勾起对方的兴趣。

有些人在新的职场自我介绍时，为了彰显自己的存在感，会把自己以前的职务、业绩、资格证和学历等与社会地位相关的内容拿出来介绍。然而这样的做法往往会起到反作用，因为在别人看来，这就是想要通过堆砌外在的头衔为自己争取更高的地位，甚至还有的人会觉得自己遭到了压制。

因此，大家在自我介绍时最好还是先从自己的性格、爱好或是有趣的经历讲起，让大家能够更清晰地了解一个原原本本的你，这样才会给将来一起工作的同事留下一个好的印象。

比如我们可以面带微笑地向大家介绍自己说"大家都说我是一个××××性格的人""最近我沉迷于××××"，或者是讲一讲最近遇到了什么糗事和趣事。要是能突出自己的个性或是爱好那就更好了，比如"我泪点很低""我特别热衷于露营"等。

当然，介绍自己以前的工作也并没有什么问题，但一开始最好还是简单地说一下工作类型即可。等到以后跟对方拉近了距离，产生了"伙伴意识"之后，再慢慢向对方透露自己以前的职务或是业绩，就不会招来对方的反感了。

第 108 条

当你在考虑跳槽时

✕ 不合适 的说法

> 我在这家公司学不到什么新东西，所以想辞职。

↓

✓ 合适 的说法

> 我决定换一份工作。

数落公司的缺点，是为了找理由使自己的行为正当化。想辞职的时候，只需要把决定跟对方报告一下即可。

现如今，做副业和跳槽早已不是什么稀奇的事，越来越多的人也开始和同事谈起相关的话题。工作方式的自由度逐渐提高，这当然是一件好事。

然而，先数落公司的缺点，然后再开始说自己想要跳槽，这样的做法从心理学的角度来看其实是属于一种"自我防卫"。例如，当一个人跟同事说"我在这家公司学不到什么新东西，所以想辞职"时，他其实是想用"跳槽"这种想法来把自己对当前现实的不满正当化，让自己更容易接受一些。这种做法在心理防卫机制中被称为"合理化"。说得简单一些，就是为自己找借口，从而保持内心的平静。

如果是自己在心里这样想，那自然没有什么问题。但是当对方还打算继续在这家公司工作时，如果我们一味地否定公司，可能会使对方感觉到自己也遭到了否定。更过分的是，有些人还会用不可思议的语气去质问对方"你还打算继续在这里待着吗"，这种通过轻视别人来给自己带来优越感的做法也很不可取。

当你想要跳槽的时候，只需要告诉对方"我决定换一份工作"就够了。如果对方追问原因的话，最好是给出一些比较积极的理由，不要冒犯到对方，如"在这家公司工作挺开心的，但是我又找到了其他想要尝试的工作"。

如果跳槽后，原先的公司开始传出对我们不利的谣言，说不定会对我们将来的职业生涯产生不利的影响。世界本就很小，我们脱口而出的牢骚和抱怨，也许某一天就会像回旋镖一样反弹到自己的身上。正所谓"雁过不留痕"，跳槽时也应该干干净净地离开。

第 109 条

当你发现自己周围没有成功者可以作为榜样，内心感到不安时

✗ 不合适 的说法

> 我的周围没有可以学习的榜样，所以对将来感到有些不安。

⬇

✓ 合适 的说法

> 为了进一步提升自己的能力，我想要学习×××方面的内容。

榜样的存在有时也会使人失去自信。
先认真地把眼前的工作做好。

工作是生活的一部分，据说在人的一生中，工作的时间会占到三分之一以上。因此，如果我们能够找到有意义的工作，实现自己的人生价值，那就再好不过了。

有不少想要提升职场竞争力的人会为自己树立一个"榜样"，并试图复制这些人的成功历程。因此，当他们无法在自己的身边找到合适的榜样时就会感到不安，看不清自己在这家公司工作的前景会是如何。

然而，由于榜样会成为我们的比较对象，因此，榜样的存在也可能会令我们失去自信。比如当我们发现"那个人能够做到，而我却做不到"的时候，可能就会感到十分失落。

无论我们如何模仿，都不可能完全复制他人的成功轨迹。在年龄、性格、时代和环境都不同的情况下，盲目的模仿甚至可能牵绊住我们前行的脚步。因此，我觉得，在没有"榜样"的职场中，工作的自由度会更高一些。

当你想要效仿他人的成功轨迹，调到更贴近自己职业理想的岗位时，最好是直接说："为了进一步提升自己的能力，我想要去×××部门学习相关的内容。"例如，当我们向公司表明"我的目标是去海外的分公司工作，把英语能力应用到工作中，因此我想去国际业务部学习一段时间"之后，公司在做人事调整的时候，也就有了判断的依据。用积极向上的态度去面对所有问题，人才会更快地成长。

说法对照表

* 在这里,我将本书中所介绍的"不合适的说法"与"合适的说法"都对照着列举了出来。
* 大家可以用来复习回顾书中的内容。

01 初次见面

不合适 的说法	合适 的说法
① 您最近工作还顺利吗?	您最近工作进展如何?
② 您今年多大?	您是几零后?
③ 您住在哪里?	您住在附近吗?
④ 您结婚了吗?	您是一个人住吗?还是和别人一起住?
⑤ 您看我像几岁?	我今年××岁。
⑥ 您是哪个学校毕业的?	您在大学学的是什么专业?
⑦ 您应该很能喝酒吧?	您平时喜欢喝酒吗?
⑧ 您长得像模特一样。	您笑起来感觉很亲切。
⑨ 我们是不是在哪里见过?总觉得不像是第一次见面。	我在这种场合下一般都会很紧张,但是跟您却很聊得来。

| ⑩ 咱们以后可要搞好关系呀。 | 希望以后和您合作愉快。 |

02
自我介绍

不合适 的说法　　　　　　　　**合适** 的说法

⑪ 我这个人一无是处，对自己很没有信心。	虽然我对自己不是很有信心，但是今后想要多挑战一下自己。
⑫ 说来话长，我这个人……	我的自我介绍只有两点。
⑬ 抱歉，我这个人很怕生。	今天我和大家是初次见面，所以有些紧张。
⑭ 一边工作一边照顾孩子真是太难了。	近期我会先以非全日制的形式在这里工作，给大家添麻烦了，实在是不好意思。
⑮ 我拥有10个资格证。	我很喜欢考取各种资格证，想要挑战一下自己的极限。
⑯ 我特别喜欢车，现在开的是×××（某名牌车）。	我喜欢兜风，会经常开车去海边。
⑰ 这个嘛、讲真、超级	关于这一点、说实话、非常
⑱ 嗯……、那个……、就是……	……（故意停顿一下）

03
与上司和前辈交谈

不合适 的说法 | **合适** 的说法

(19) 我知道了。 | 我明白您的意思了。

(20) 我倒也不是不能做…… | 我努力一下应该可以完成,交给我吧。

(21) 我什么都不懂,您能教我一下吗? | 这个工作的这个部分我不太明白,您能教我一下吗?

(22) 这也是工作的一部分吗? | 对不起,我今天有点不方便,去不了。

(23) 我不擅长做这类工作。 | 这个工作我不是很有自信能完成,可以请您为我提供一些帮助吗?

(24) 这件事您没说过啊。 | 这件事是我没有确认清楚。

(25) 没什么问题。 | 现在××之前的部分已经完成了,预计在××日前能够完成剩下的部分。

(26) 您的意思是让我一直工作不用休息吗? | 这样的话时间上会有点紧张,可以把截止日期延长到××日吗?

(27) 您事先没告诉我怎么做,所以我根本不知道。 | 能否请您告诉我具体应该如何进行改善?

㉘ 难道我做错了吗? 是我没有做好沟通,下次我会好好确认清楚。

04
与下属交谈

不合适 的说法 | **合适** 的说法

㉙ 这种事有什么可烦恼的。 你好像遇到了烦心事啊。具体是哪里出了问题?

㉚ 这么做也不是不行。 可以作为一种备选方案。

㉛ 你这个工作完成得虎头蛇尾,这样的工作态度可不行。 有不懂的地方可以问我,一定要拿出自己觉得满意的成果。

㉜ 你怎么不先跟我说一声? 不要自己擅作主张。 以后重要的事情一定要先和我商量,然后再做决定。

㉝ 一个什么都不会的新人,怎么这么多要求? 想让公司满足你的要求,就得先在自己的岗位上做出成果。

㉞ 你难道读不懂吗? 要我说几遍你才能明白? 一定要好好看一下这个资料的第××页。

㉟ 没想到你竟然做得不错啊。 我就觉得你一定能行。

㊱ 我还以为你应该挺能干的。 我觉得你是有这个实力的,咱们来想一想该怎么做吧。

㊲	我也是为了你好，要是现在掌握不了工作的要领，以后可就要头疼了。	我希望你能快点掌握工作的要领。你打算如何去做？
㊳	你怎么连这点东西都搞不明白。	我希望你能在本周内掌握这个工作的要领，你觉得怎样才能做到？
㊴	你好好反省一下。	我们一起讨论一下，今后如何才能避免出现类似的失误。
㊵	这个绝对不行。	我会考虑一下如何解决。
㊶	你好像每天都很悠闲自在，没什么烦心事啊。	请按时完成工作。
㊷	按照常理来说……	我认为应该……
㊸	比这更难的工作我都做过。	我做过和这类似的工作，必要的时候可以跟你分享一些经验。
㊹	你还早得很呢，十年后再来说这种话吧。	有远大的目标是好事，希望你的目标能够实现。
㊺	现在的年轻人说的话我都听不懂了。	你刚才讲的那个很有意思，能再跟我详细说一说吗？

05
与同事交谈

不合适 的说法	**合适** 的说法
(46) 我帮你复印了一份资料，下次记得请我吃饭哦。	我把你的资料也复印好了，你要是忙不过来的话可以叫我来帮忙。
(47) 你换发型了？之前那个更好看。	你换新发型啦。
(48) 诶？你也在啊？	你也来参加，真是太好了。
(49) 味道还可以。	很好吃。
(50) 那家店的味道大不如前了。	那家店感觉和以前不太一样了。
(51) ×部长的脾气真差。	我觉得×部长的性格跟我不是很合得来。
(52) 你竟然会自己做便当，真是人不可貌相啊！	自己做便当真健康，我也想跟你学习一下。
(53) 你要是能瘦下来的话，应该还挺好看的。	瘦一点的话一定会更好看！
(54) 你喜欢这种风格的衣服啊！	这种风格的衣服挺好看的。

55	你每天光顾着工作能行吗？可别到最后变成剩男（女）了。	你每天都这么努力工作，取得了这么好的成绩，真的很令人佩服。
56	我已经谈恋爱谈够了，想快点结婚。	我想快点结婚。
57	我平时要照顾孩子，根本没时间去打扮自己。	你穿衣服总是这么有品位。
58	我老公会帮我做各种家务。	我花了整整三年时间，才让老公学会帮我做家务。
59	买辆车多好啊！	我要是没有车的话，上班会很不方便。
60	你还没讲完吗？	也就是说，……，对吧？我可以说几句吗？
61	你真是个慢性子。	你做事情总是这么从容不迫，我也要向你学习。
62	你不要总是去在意那些鸡毛蒜皮的小事啦。	原来你会注意到这些方面，你真的很细心。

06
远程办公、收发消息

不合适 的说法	**合适** 的说法
⑥³ 你说话的声音太小了。	麦克风的音量好像有点小。
⑥⁴ 你家里有其他人在吗？	要是家人那边有事需要处理的话，可以随时跟我们说。
⑥⁵ 你刚才在干什么？为什么不接电话？	公司这边有时会有急事，所以必须保证在十分钟内回电话，可以吗？
⑥⁶ 我现在手头有其他的工作，稍微有点忙。	我现在抽不出时间，××点以后我再联系您。
⑥⁷ 关于×××的问题，之后我会再联系您。	关于×××的问题，明天上午十点前我会给您答复。
⑥⁸ 这个工作交给你行不行？	这个工作我想拜托你，如果你觉得困难的话可以跟我说。
⑥⁹ 你赶快做完。	××××的时候要用这份资料，所以必须在那之前完成。
⑦⁰ 好，知道啦。	我明白您的意思了。
⑦¹ 你今天都做了哪些工作？	请每天上班后和下班前分别汇报一下当天的计划和计划的完成情况。

72 那就好。　　　　　　　　　　能帮上忙我很高兴。

73 这次的 fix 有点慢，让您等　　这次做决定有点慢，让您等
了这么久的 response，真　　了这么久的答复，真的非常
的非常抱歉。　　　　　　　　抱歉。

07
与顾客交谈

不合适 的说法　　　　　　　　　**合适** 的说法

74 您有什么事？　　　　　　　如果您有什么事情的话，可以
　　　　　　　　　　　　　　随时跟我说。

75 这个我有点不太清楚。　　　我也不清楚，现在就去查一下。

76 您是哪位？　　　　　　　　我明白您的意思了，不知可否
　　　　　　　　　　　　　　询问一下您的姓名？

77 这样啊。　　　　　　　　　您是说……，对吗？

78 刚才我已经告诉过您了……　非常抱歉，是我刚才讲解得不
　　　　　　　　　　　　　　够清楚。

79 您只买这些吗？　　　　　　您要购买的是这些，对吗？非

80 这个我们店里没有。　　　　常抱歉，××××目前不在本
　　　　　　　　　　　　　　店的销售范围内。

81 这个商品卖得非常好，现在　这个商品还剩最后一件，如果
不买的话以后就买不到了。　您打算考虑一下的话，我可以
　　　　　　　　　　　　　　先给您预留着。

82 姐，这件衣服你穿特别合适。　顾客，这件衣服特别适合您。

08 应对投诉

不合适 的说法　　　　　　　　**合适** 的说法

83 不好意思。　　　　　　　　　实在非常抱歉。

84 您能不能把话说清楚一点？　　能否请您先把眼前的情况跟我说明一下？

85 请您今后不要再××××。　　如果您今后能够××××的话，就不会再出现类似的故障了。

86 恕我直言，是顾客您自己记错了日期。　　我们这边的资料上记载的取货日期是明天。

87 按理说不会这样。　　　　　　麻烦您再跟我一起确认一遍。

88 还有其他顾客比您等得还要久。　　非常抱歉让您久等。

89 我不太清楚，找领导来跟您谈吧。　　我一定会负起责任，帮助您解决问题。

90 难道说明书上没写吗？　　　　我会按照步骤跟您说明使用的方法。

09
接待客户

不合适 的说法	**合适** 的说法
(91) 有空的话 / 好吧，我去做一下。	我们会加紧去做。
(92) 这肯定不行。	这可能会有点困难，但是我们会努力想想办法。
(93) 您就陪我喝一杯嘛。	您可以选其他喜欢的饮品。
(94) 我就开门见山了，您觉得我们向贵公司提议的A项目怎么样？	A项目的事也要劳烦您多费心了。
(95) 您竟然还做过这种傻事吗？	原来您也有过这样的经历啊！
(96) 这顿饭我们来付钱，您不必介意。	这里就交给我们公司来吧。

10
面试、职业咨询、换工作

不合适 的说法	**合适** 的说法
(97) 我什么工作都想尝试。	留学生活培养了我的挑战精神，面对任何工作我都一定会全力以赴。

98	这个工作我会做。别看我这样，我以前还参与过××××的项目呢。	我很想挑战一下这项工作。
99	我跟任何人都能合得来。	我就算是遇到了合不来的人，也会努力适应和对方相处。
100	别看我现在挺能说的，其实我很不擅长和别人交流。	我很喜欢和别人交流。
101	我可以说几句吗？（打断别人的发言）	对于这个，您有什么看法？（把话题抛给发言比较少的人）
102	请问贵公司的业务主要包括哪些？	贵公司的××项目给我带来了很深的感触，请问您能详细地跟我讲一讲吗？
103	在贵公司工作的话，我能够学到哪些技能呢？	如果能够在贵公司就职的话，我希望在工作中提升××××的技能。
104	我的工作时间不能超过晚上六点。	我晚上需要接孩子，所以很难加班到晚上六点以后。
105	现在的工作不是我想做的。	等我掌握了现在这项工作的要领以后，接下来我还想再去做一下其他类型的工作。
106	我以前在××公司（某大企业）工作过。	我是被这家公司的魅力吸引过来的。

(107) 我的上一份工作是在××公司担任销售主管。我还有×××资格证。 | 我的上一份工作是做销售。我特别喜欢这种和人打交道的工作。

(108) 我在这家公司学不到什么新东西，所以想辞职。 | 我决定换一份工作。

(109) 我的周围没有可以学习的榜样，所以对将来感到有些不安。 | 为了进一步提升自己的能力，我想要学习×××方面的内容。

结　语

　　同事与家人一样，都是我们无法选择的。

　　在全日制的工作中，大家一天中的大部分时间都会与职场中的伙伴一同度过。

　　长年来，为了改善职场环境，我做过不少培训和心理咨询，然后发现大家在职场中遇到的烦恼和问题有九成都与周围的人际关系有关。现在我已经确信，人际关系的好坏会左右职场的环境，对我们工作与生活的幸福度会产生巨大的影响。

　　我自己就曾经有过这样的经历。当时我每天在公司里做同样的工作，却发现每周都会有固定的几天格外疲惫，剩下的几天又会相对来说比较轻松。

　　直到某一天我突然发现，这种区别是由于和我一起工作的人在不停地轮换。在有些日子里，就算我工作上出现了失误，同事也会亲切地伸出援手，而还有些日子里，一旦我出现失误，就立刻会遭到严厉的指责。

　　在前者的情况下，我能够集中精力安心工作，有事情可以尽快跟同事商量，出现了失误也能立刻补救。反之，在后者的情况下，我的精神从一大早就处于紧张状态，而这种紧张还容易引发新的失误，形成恶性循环。如果整个职场环境每天都这样紧绷着，那我甚至可能会出现精神上的不适。

注意到了这一点后,我在气氛紧绷的日子里也会坦诚地说出自己的感受。一开始事情进展得并不顺利,但是随着时间一天天过去,我和同事也逐渐做到了相互理解。虽然职场的氛围可能仍然算不上愉快,但至少不会再让人感到郁闷了。

每天的一句话,积少成多,就会重塑人与人之间的关系。短短的一句话,可能会给对方带来完全不同的感受。有些人总是抱着消极的心态,认为别人不可能懂得自己的感受;而有些人则抱着积极的心态,想要和对方相互理解。抱有这两种不同心态的人,在话语的措辞上也会有很大的不同。

希望大家能够多掌握一些可以向对方表达尊重,促进彼此之间相互理解的表达方式,让身边的职场环境变得更加和谐。

在上一本《特别会说话的人都这样说话》出版以后,许多读者都反映说"使用了书中介绍的表达方式后,对方的反应有了很大的不同"。大家能够在实践中亲身体会到语言带来的变化,这让我感到非常欣慰。

人们常说:"我们无法改变过去和他人,但是却可以改变未来和自己。"事实上,改变自己也是一件相当难的事情,但是改变"一句话"却要容易许多。

现如今,人们的工作方式、雇用形态都越来越多样化,职业生涯也逐渐开始延长,越来越多的人会在工作中投入越来越多的时间。因此,我选取了"职场"作为本书的主题,希望能够帮助大家,让工作时间也变得更加充实和舒心。

多年来,我在从事心理咨询工作时发现,人们只有在彼此平等、相互尊重的职场环境中,才能够体会到工作的价值和充实感,不断地实现自我提升。为了做到相互尊重,大家应该遵守

"四个不"原则——"不批判、不指责、不否定、不比较"。

我衷心地希望本书中的内容能够为您和您周围的人带来更多的幸福感。

祝愿大家都能够珍视自己和他人,度过充实的职业生涯。

大野萌子　Moeko Ono

企业心理咨询师，一般社团法人日本Mental Up支援机构（Mental Up Manager资格认定机构）代表理事，2级职业咨询师，毕业于日本法政大学。

大野萌子在企业内担任心理咨询师多年，擅长教授改善人际关系所需的必备技能，如沟通技巧、压力管理和职场骚扰对策等。她每年都会在日本内阁省、各大型企业以及各大学中举办150次以上的演讲和授课，同时还创办了"Mental Up Management讲座"，来面向大众教授沟通技巧，帮助听讲者塑造更加和谐的人际关系。

已出版著作包括《特别会说话的人都这样说话》（Sunmark出版社）、《让擅长倾听的你不再痛苦》（Natsume社）、《面对"说不出口的话"该怎么办？》（pal出版社）、《如何应对"求关注"的员工》（Discover 21出版社）等。